知识生产的原创基地
BASE FOR ORIGINAL CREATIVE CONTENT

颉腾商业
JIE TENG BUSINESS

营销即战略

企业如何用营销变革驱动增长与创新

[美]尼尔马利亚·库马尔（Nirmalya Kumar）◎著
张婉莹　逄世龙◎译

MARKETING AS STRATEGY
UNDERSTANDING THE CEO'S AGENDA
FOR DRIVING GROWTH AND INNOVATION

中国广播影视出版社

图书在版编目（CIP）数据

营销即战略：企业如何用营销变革驱动增长与创新 / (美) 尼尔马利亚·库马尔（Nirmalya Kumar）著；张婉莹，逢世龙译. -- 北京：中国广播影视出版社，2025.
1. -- ISBN 978-7-5043-9265-7

Ⅰ. F274

中国国家版本馆 CIP 数据核字第 20241KK974 号

Title: Marketing as Strategy: Understanding the CEO's Agenda for Driving Growth and Innovation, by Nirmalya Kumar
Original work copyright © 2004 Nirmalya Kumar
Published by arrangement with Harvard Business Review Press
Unauthorized duplication or distribution of this work constitutes copyright infringement.
Simplified Chinese edition copyright © 2024 by Beijing Jie Teng Culture Media Co., Ltd.

北京市版权局著作权合同登记号　图字：01-2024-4464 号

营销即战略：企业如何用营销变革驱动增长与创新
[美] 尼尔马利亚·库马尔（Nirmalya Kumar）　著
张婉莹　逢世龙　译

策　　划	颉腾文化
责任编辑	王　萱　胡欣怡
责任校对	马延郡
出版发行	中国广播影视出版社
电　　话	010-86093580　010-86093583
社　　址	北京市西城区真武庙二条 9 号
邮　　编	100045
网　　址	www.crtp.com.cn
电子信箱	crtp8@sina.com
经　　销	全国各地新华书店
印　　刷	文畅阁印刷有限公司
开　　本	640 毫米 × 910 毫米　1/16
字　　数	207（千）字
印　　张	15.5
版　　次	2025 年 1 月第 1 版　2025 年 1 月第 1 次印刷
书　　号	ISBN 978-7-5043-9265-7
定　　价	79.00 元

（版权所有　翻印必究·印装有误　负责调换）

推荐序
Foreword

许多标准的商业职能一直在经历着根本性的变革。制造业不再是指标准化的大批量生产，而是单位产品的精益定制。购买已经演变成了采购，如今的财务部门要计算各类公司活动对股东价值的影响。

不出所料，要求重塑营销的呼声日益高涨。关于营销对公司利润的影响，首席执行官们始终没有得到明确而又令人信服的答案。萨姆·沃纳梅克（Sam Wanamaker）那句古老的名言至今仍深深地影响着管理界：广告人知道其广告的 50% 是有效果的，但不知道这 50% 的具体内容。看看下面这些事实：

80% 的新型快速消费品（FMCG）都以失败告终；

很少有人能记得住一个要花费 200 万美元广告费，仅有 30 秒的"超级碗"（Super Bowl）广告；

群发邮件的平均回复率只有 1%~2%；

销售人员预计 80% 的潜在客户会拒绝他们。

尼尔马利亚·库马尔不仅对营销行业进行了坦率的批评，更重要的是，在营销实践的有意义变革方面，他提供了一张明确的议事表（实际上是首席执行官的议事表）。他呼吁公司要提供价值和解决方案，而不是产品和承诺。他认为公司的营销人员必须理解从财务到与供应商的伙伴关系的组织文化和运营方式。他们必须与其他团队进行协作，因为只要公司的任何一个部门不以顾客为中心，营销就会失败。宝洁公司之所以成功，并不是因为它的营销能力，而是因为它的所有职能都以顾客为中心。

公司必须更有效地管理其营销资产，其中许多是无形资产，如品牌价值和公司与顾客、员工、供应商、分销商、经销商的关系。营销人员必须保护并提高这些无形资产的价值。董事会在考核公司绩效时，不仅要看财务指标，而且要考虑营销指标，如顾客满意度、顾客忠诚度、顾客流失量，以及与竞争对手相比公司的感知价值。如果营销指标开始下滑，那么财务指标也很可能会恶化。

当今的营销人员面临着新的挑战。顾客的时间少且信息丰富，他们期望有更好的质量和服务，更低的价格，且付出的金钱和精力更有价值。随着新渠道层出不穷，传统的分销渠道正在整合。如今的竞争对手来自世界各地，他们可能拥有成本更低的竞品，有时还能提供更高的质量。

具有讽刺意味的是，在营销活动对公司日益重要时，营销部门的地位却在下滑，人员也逐渐流向公司中的其他部门。管理者必须将营销战略视为公司战略的驱动器。一切价值始于顾客，也终于顾客。正如彼得·德鲁克（Peter Drucker）所说："公司的目的是创造顾客……唯一的利润中心是顾客……公司有且只有两个基本职能：营销和创新。营销和创新产生收益，其他所有职能都是成本。"

库马尔引入了一个极富吸引力的框架结构——"3V"模型（有价值的顾客、有价值的主张和有价值的网络）——用于分析和规划营销战略。他将这一框架应用于几个案例，并展示了如何通过绘制相关的价值曲线和价值网络来区分竞争对手的战略。

库马尔提出了几种方法，用于应对日益增长的商品化、价格压力，以及全球大型零售商不断增强的市场影响力。他认为，公司必须更好地管理其单个品牌，并使其整个品牌组合合理化。每一章的结尾都提出了一组具有挑战性的问题，管理人员应坦诚回答这些问题，才能进一步提升公司的营销绩效。

库马尔教授力争阐明营销学如何才能比以往"更具战略意义、跨职能性以及利润导向性"。他成功地在营销理论和营销实践方面开辟了新篇章，令人钦佩。

菲利普·科特勒（Philip Kotler）
美国西北大学凯洛格管理学院特聘教授

前言
PREFACE

> 把自己从精神束缚中解放出来；
> 除了自己，没有人能够解放我们的思想。
> ——鲍勃·马利（Bob Marley）

自从我17岁那年拜读了菲利普·科特勒的《营销管理》（第2版），我就对营销非常着迷。大约10年后，我进入西北大学凯洛格管理研究生院攻读营销学专业博士学位。博士课程让我兴奋不已，但有一点时常困扰着我——我们很少讨论营销。除了吉姆·安德森（Jim Anderson）、乔治·戴（George Day）、菲利普·科特勒、约翰·奎尔奇（John Quelch）、杰格迪什·谢斯（Jagdish Sheth）、卢·斯特恩（Lou Stern）和弗雷德·韦伯斯特（Fred Webster）等几位知名人士外，其他大多数营销学者并不关注对营销从业者来说至关重要的问题。

为了了解繁杂的商业实践，我投身于咨询行业。作为大公司的营销顾问，我主要与营销人员打交道，而非总经理，当然更不是首席执行官（CEO）。在绝大部分公司里，营销部门在CEO的心目中没有突出的位置。即便是现在，高管人员仍将营销视为一种机会型的职业，不需要任何深层次能力。这种现状在一定程度上要归咎于营销教育。大多数公司已经变为跨职能型组织，可商学院依旧在按职能设系。营销学教授们狭隘地将注意力集中于战术方面，通过区分"营销"与"战略"，以证明其作为一个独立的学科和商学院下属系的合理性。因此，营销人员往往没有热情参与让CEO和高层管理人员感兴趣的更大的战略问题之中。

幸运的是，瑞士洛桑国际管理发展学院的高管发展项目为我提供了与总经理、CEO交流的机会。CEO再三表现出他们对营销知识的渴望，以及与顾客联系的热情，却不知道如何能够使营销人员帮助他们解决最紧迫的问题。这怎么能责怪他们呢？CEO想了解如何管理品牌组合，但大多数营销学者在研究品牌延伸；CEO想停止所有的价格促销，但学术期刊上在发表大量关于价格促销有效性的研究；CEO正在努力解决渠道迁移问题，但大多数渠道研究聚焦于单个渠道；CEO希望在市场上推进变革性的价值创新，但营销研究在关注渐进式的产品开发；几乎所有关于营销的学术研究都是以美国为背景，而CEO执掌的是全球化的企业。

我并不是说营销学术界缺乏聪明绝顶、训练有素、善于分析且勤奋的教授，也不是说缺乏优秀的、与管理相关的学术研究。但坦率地讲，从整体上看，营销学科并没有关注CEO在现实中面对的市场挑战。这就是我写作本书的起因所在。

如上所述，本书从"实战"看待营销，具有强烈的个人色彩。我强烈建议读者看得更远，重点关注书中所呈现的思想。我对营销和商业充满热情，希望这本书能够帮助不同职能的从业者，并激发营销学界的讨论。如果这两个目标都达到了，那么本书就实现了与顾客沟通的目的。

致谢
ACKNOWLEDGMENTS

本书是我 15 年来在营销领域的研究、教学和咨询工作的成果结晶。这些年我发现真正原创的想法很少，大部分观点是受到我们以前所学、所闻、所见的启发，而真正的学习往往发生在我们把来源从想法中分离出来并使之成为自身思想的时候。

我很幸运有机会结识了这么多有才华的教授、同事、客户和学生。虽然这本书的作者署的是我的名字，但我想强调，它呈现了我作为学生、职员、教师和顾问期间所学到的一切。

显然，我站在许多商学院教授的肩膀上，他们的思想多年来影响了我。詹姆斯·安德森（James C. Anderson）、彼得·德鲁克、加里·哈梅尔（Gary Hamel）、钱·金（W. Chan Kim）、菲利普·科特勒、普拉哈拉德（C. K. Prahalad）和路易斯·斯特恩（Louis W. Stern）等教授通过他们的作品或与我的互动，对我产生了深刻的影响并塑造了我的商业思想。我以多种方式借鉴了他们的研究成果：有时是公开地引用，有时则进行了一些改动。就写作风格而言，我决定只作部分引用。因为这本书主要是写给从业者看的，其次才是我的同行。

这本书的写作始于我的休假学年，那是我在哈佛商学院和伦敦商学院度过的美妙一年。在这两所学院，我都与营销学的同事们探讨营销作为一门学科所面临的问题，我从中受到了很大的鼓舞。我要特别感谢哈佛的苏珊·福尼尔（Susan Fournier）、戴夫·戈德斯（Dave Godes）、道格·霍尔特（Doug Holt）、拉吉夫·拉尔（Rajiv Lal）、伊利·奥费克（Elie Ofek）、约翰·奎尔奇（John Quelch）和卡什·兰根（Kash Rangan），以及伦敦（我的新居住地）的蒂姆·安布勒（Tim Ambler）、帕迪·巴韦斯（Paddy Barwise）、尚塔努·杜塔（Shantanu Dutta）、凯西·哈蒙德（Kathy Hammond）、布鲁斯·哈迪（Bruce Hardie）、马克·里特森（Mark Ritson）、克雷格·史密斯（Craig Smit）、纳德·塔瓦索利（Nader Tavassoli）和诺费尔·维尔卡什姆（Naufel Vilcassim）。

多年来，我与英格·盖斯肯斯（Inge Geyskens）、雅克·霍洛维茨（Jacques Horovitz）、布莱恩·罗杰斯（Brian Rogers）、莉萨·希尔（Lisa Scheer）和扬贝内迪克特·斯廷坎普（Janbenedict Steenkamp）合作撰写了一些论文和案例，他们都是优秀的合作者和朋友。我们的工作体现在了本书中，如关于驱动市场的章节主要基于莉萨·希尔和菲利普·科特勒共同撰写的文章。我要感谢丽贝卡·钟（Rebecca Chung）、约西安·科森戴（Josiane Cosendai）、索菲·林古里（Sophie Linguri）和米歇尔·佩林雅凯（Michelle Perrinjaquet），感谢他们对本书的编排所付出的不懈努力。我还要感谢维哈拉·拉奥（Vithala Rao）和三位审稿人的宝贵意见，以及哈佛商学院出版社的柯尔斯腾·桑德伯格（Kirsten Sandberg）对本书给予的持续的支持和鼓励。我接触到的每一位出版人士都非常专业。

很多公司让我在现实世界中检验我的想法。然而，阿克苏诺贝尔公司（Akzo Nobel）、贝尔大西洋公司（Bell Atlantic，现在的 Verizon）、卡特彼勒公司（Caterpillar）、道氏化学公司（Dow Chemical）、固特异公司（Goodyear）、IBM、摩托罗拉公司（Motorola）、雀巢公司（Nestlé）、RPG 集团和莎莉集团（Sara Lee）等公司给予了我特别的支持。我要感谢阿克苏诺贝尔的利夫·阿比加德（Leif Abilgaard）和马丁·温尼拉（Martin Uunila），道氏化学的托马斯·巴塔（Thomas Bata）和卡洛斯·席尔瓦·洛佩斯（Carlos Silva Lopes），易捷航空（easyJet）的斯特里洛斯·哈吉-约安努（Stelios Haji-Ioannou），IBM的杰夫·巴特曼（Jeff Bartman）和丹·斯威尼（Dan Sweeney），雀巢的弗兰克·塞拉（Frank Cella），飞利浦·莫里斯国际公司（Philip Morris International）的乔治·法拉（George Farah），RPG公司的普拉蒂普塔·莫哈帕特拉（Pradipta Mohapatra），世界免税协会的琳达·霍普金斯（Linda Hopkins），以及20/20公司的玛丽安·温克海姆（Mariann Wenckheim），感谢他们对我的鼓励。

我非常荣幸能有机会在各种各样的MBA硕士和经理人项目中讲课。我从这些"学生"那里学到很多东西，如同我传授给他们的一样。1995年至2003年，我与洛桑国际管理发展学院的经理发展项目（PED）和成功营销管理项目（MMS）的学员进行了非常密切的交流。此外，我要感谢哈佛商学院2003级MBA硕士1班的同学，以及伦敦商学院2002~2003年度斯隆硕士项目。书中的许多观点在他们身上得到验证。

此外，最为感谢瑞士洛桑的一所商学院——IMD。这是一所很棒的商学院，我在那里度过了8年的人生转折期。刚入职时，我是一名营销学教授，主要研究方向是分销，但我对管理者们如何经营一家企业几乎一无所知。在IMD，我转变成为一名商学教授，主要研究方向是营销。IMD的54位同事无私地与我分享他们的知识与智慧，欢迎我加入这个大家庭。在我完成这本书的过程中，他们也帮忙分担了我的一些教学工作。我很荣幸能与他们中的每一位共事，在此对所有同事表示感谢，是他们使这本书的面世成为可能。

目录
Contents

第1章 从作为职能的营销到作为转型引擎的营销 / 001
营销的衰落 / 002
让营销回归首席执行官的议事表 / 004
- 营销活动无处不在 / 005
- 网络化的组织 / 005
- 网络化组织中的营销 / 006
- 营销是变革的引擎 / 007

CEO 的营销宣言 / 008
- 从市场细分到战略细分 / 009
- 从销售产品到提供解决方案 / 010
- 从衰落到增长的分销渠道 / 011
- 从品牌推土机到全球分销伙伴 / 013
- 从品牌收购到品牌合理化 / 014
- 从市场驱动到驱动市场 / 016
- 从战略业务单元营销到企业营销 / 017

培养组织对顾客的尊重 / 018
- CEO 从一线领导而不是高高在上 / 019
- 谨防虚假营销指标 / 020
- 发现消费者资本主义 / 021

本章小结 / 023

第 2 章　从市场细分到战略细分 / 024

市场细分：基于 4P 划分 / 025

- 市场细分 / 026
- 目标市场选择 / 028
- 定位 / 029
- 复杂的市场细分：迈达斯风格 / 030

战略市场细分：基于 3V 的划分 / 031

- 重要顾客——为谁服务？／ 032
- 价值主张——提供什么？／ 032
- 价值网络——如何传递？／ 034

利用 3V 推动增长和创新 / 036

- 基于价值网络的深度差异化 / 037
- 为独特的细分市场探索不同的价值网络方案 / 038
- 为市场细分服务的财务意义 / 039
- 用 3V 推动营销创新 / 042
- 利用与 3V 相关的成长机会 / 043

营销人员的 3V 清单 / 046

本章小结 / 048

第 3 章　从销售产品到提供解决方案 / 049

通过销售解决方案实现 IBM 转型 / 050

变革 3V 以销售解决方案 / 052

- 瞄准愿意为解决方案付费的客户 / 053
- 通过三种类型的解决方案创造客户价值 / 055

为服务设计产品 / 059

- 以正确态度看待产品的"不可知"/ 060
- 给方案定价以体现其价值 / 063
- 从免费服务转向付费服务 / 064

建立销售方案的能力 / 066

- 改变思维模式，对服务效果负责 / 067
- 为客户规划整个业务流程 / 067
- 评估客户的总成本 / 069
- 让客户了解总成本的构成 / 069
- 开发知识库 / 071

以销售方案为导向的组织转型 / 071
- 公司故障区 / 072
- 转型过程 / 073
- 变革型领导 / 074

方案清单 / 076

本章小结 / 077

第 4 章　从衰落到增长的分销渠道 / 079

渠道迁移战略 / 080
- 替代效应与补充效应 / 081
- 将核心能力转化为核心的症结 / 083
- 音乐分销商业模式的重塑 / 087

渠道变迁过程 / 091
- 步骤 1：对现有渠道进行分销策略审查 / 091
- 步骤 2：阐明渠道迁移的战略逻辑 / 092
- 步骤 3：动员对渠道迁移的支持 / 096
- 步骤 4：积极管理渠道冲突 / 098

本章小结 / 102

渠道迁移清单 / 103

第 5 章　从品牌"推土机"到全球分销伙伴 / 105

来自全球零售商的挑战 / 107
- 零售商对制造商提出的挑战 / 108

全球一体化给零售商带来的挑战 / 109

培养一种关系思维模式 / 110

两个强硬的公司学会"共舞" / 111
- 在分销关系中建立信任而非恐惧 / 113
- 在关系中采用公平原则 / 115
- 实施高效消费者响应（ECR）计划 / 117

以顾客为中心的全球客户管理 / 118
- 战略转型 / 120
- 组织变革 / 123
- 信息系统变革 / 127
- 人力资源变革 / 128

本章小结 / 132

全球客户管理清单 / 133

第6章　从品牌收购到品牌合理化 / 135

品牌多样化的巨大代价 / 137
- 差异化不充分 / 138
- 效率低下 / 138
- 市场支配力下降 / 139
- 管理的复杂性 / 140

品牌合理化的挑战 / 141

品牌合理化的流程 / 143
- 进行品牌组合审查 / 144
- 确定最优的品牌组合 / 146
- 选择适当的品牌精简策略 / 148
- 为保留的品牌制定成长战略 / 149

伊莱克斯公司自下而上的细分方法 / 150

联合利华自上而下的组合方法 / 154

本章小结 / 160

品牌合理化检查表 / 160

第 7 章　从"市场驱动"到"驱动市场" / 163

驱动市场型公司 / 166
- "驱动市场"的宜家家居风格 / 167
- 市场导向的四种类型 / 169

驱动市场型组织如何抓住优势 / 171
- 以愿景而非市场调查为导向 / 171
- 重新划定行业细分市场 / 173
- 为价值创造新的价位 / 173
- 教育顾客以促进销售增长 / 174
- 重构渠道 / 177
- 利用"群蜂网络"获得品牌依恋 / 177
- 远超顾客期望 / 178

现有公司驱动市场的障碍 / 179
- "驱动市场"创意颠覆了行业假设 / 180
- "驱动市场"创意存在风险 / 180
- "驱动市场"创意总是败给渐进式创新 / 181
- "驱动市场"理念会竞食现有业务 / 182

"驱动市场"的转型过程 / 182
- 开发识别隐性企业家的流程 / 184
- 为偶然性留出空间 / 185
- 通过挑选和搭配员工产生创造力 / 186
- 为新理念的获准提供多种渠道 / 187
- 建立有竞争力的团队和"臭鼬工厂" / 187
- 让公司的自有产品之间竞食 / 188
- 鼓励试验,容忍错误 / 189

合而为一:索尼的驱动市场型文化 / 190

本章小结 / 193

驱动市场检查表 / 194

第8章 从战略业务单元营销到企业营销 / 197

企业总部的作用 / 198
追求营销的协同效应 / 199
- 充分利用产品平台 / 201
- 充分开发品牌平台 / 202
- 扩展渠道平台 / 203
- 把顾客当作平台来培养 / 203
- 将市场作为平台进行开发 / 204

新兴市场作为一个增长平台 / 204
- 瞄准新兴市场中不断增长的大众群体 / 205
- 价值主张：保持简单，保持廉价 / 206
- 为大众重塑"3V"模型 / 207
- 印度利华：新兴市场的赢家 / 208
- 在不同市场间转移最佳实践 / 209

构建以顾客为中心的能力 / 210
- 以顾客为中心的战略地图 / 210
- 以顾客为中心的流程图 / 213
- 以顾客为中心的组织图 / 214
- 以顾客为中心的文化地图 / 216
- 以顾客为中心的能力图 / 217
- 以顾客为中心的资源图 / 219
- 成为以顾客为中心的公司所面临的挑战 / 223

成功实现市场变革 / 224
- 作为指挥官、董事长、教练和催化剂的CEO / 225
- 激发围绕顾客的精彩对话 / 227
- 作为变革推动者的营销 / 228

注释[①]

[①] "注释"部分，有需要的读者可从"颉腾文化"微信公众号上获取。

第1章
从作为职能的营销到作为转型引擎的营销

市场总是比营销变化得更快。

彼得·德鲁克在《管理的实践》中写道："公司有且只有两个基本职能：营销和创新。营销和创新产生收益，其他所有职能都是成本。"[1] 今天，许多大公司的首席执行官对营销不能带来显著的效益感到失望。越来越多的人将营销部门视为一项支出，而非投资。同时，越来越少的营销主管能够晋升到 CEO。当公司极力地宣传它们想更接近顾客时，营销部门实际上正在失去影响力，它的职能正逐渐被公司其他部门所取代。

这究竟发生了什么？营销人员为什么会失去他们的影响力？营销部门如何凸显他们在组织中的影响力？更重要的是，营销人员怎样才能抓住 CEO 的注意力，使营销部门在公司中重获战略地位？具有讽刺意味的是，尽管营销的职能一再地衰退，对营销的需求却越来越大。传统的 4P 战略（产品、渠道、价格和促销）使营销部门在公司中的重要性无法体现。为脱离这种困境，营销人员必须开始推动整体的战略变革。他们的责任是在传统的四个方面（产品、渠道、价格和促销）

实施战术。他们必须帮助CEO领导整个组织的变革，以实现收入的大幅增长和利润率的提高。

营销的衰落

20世纪50年代，战后经济空前繁荣，营销迅速崛起。顾客人数众多且信任度高，分销渠道零散且薄弱，新品发布周期长且数量多，价格压力小。[2]在这样的环境下，大众媒体尤其是有线电视网成为接触到大批量同质消费者的有力工具。营销引领了公司的营业收入和利润增长。

过去的20年，在市场日益分化、强劲的全球竞争者出现、产品大众化、产品生命周期缩短、顾客期望值增高，以及渠道成员变得强势的背景下，营销作为公司成长的引擎已经略显不支。营销促进公司大幅增长的能力受到了严重的限制，营销效率也有所下降。在这种情况下，许多公司开始对当代营销的价值产生怀疑便不足为奇了。[3]

一项以545家英国公司为样本的研究结果显示：仅有18%的经理认为营销在其公司的战略中的有效性是"优秀"或"良好"，而36%的经理将其评为"一般"或"较差"。[4]另一项对高管人员的研究表明，他们对品牌经理的营销能力相当不满意（整体效果，48%；战略技能，60%；创新能力，92%；风险状况，48%；执行速度，56%）。[5]因此，许多有抱负的营销主管发现自己很难晋升到CEO职位。

2001年，一项针对英国FTSE 100指数成分公司的调查研究表明，仅有13名CEO有营销背景，但有26名CEO是从财务部门晋升上来的。[6]该研究同时指出，在过去3年中，具有营销背景的CEO的数量有所下降。此外，即使在那些可能重视营销活动的消费品公司中，从会计人员晋升至CEO的人数也比有营销背景的CEO多。

英国机场管理局的CEO迈克·霍奇金森（Mike Hodgkinson）表示，

与纯营销背景的人员相比，他接受过的会计培训为他带来了两方面的优势。"我了解股东的话语体系，而且会计培训帮助我学会有条不紊地处理问题。"[7] 人们总是认为营销人员具有"花钱"而非"赚钱"和"省钱"的思维，因而无法帮助公司度过艰难时期。难怪联合利华（Unilever）的负责人尼尔·菲茨杰拉德（Niall FitzGerald）将自己描述为"经过培训的会计师，本能上的营销人员"。[8]

诚然，在竞争加剧的环境下，一些公司对营销抱有的期望常常是不切实际的。当依靠营销部门无法取得收益时，许多CEO不得不将重心转向运营和财务部门，通过削减成本和重组供应链来提高公司的盈利能力，并通过并购来增加公司收入。于是，营销部门在公司层面的话语权明显下降。现有研究结果表明：在大公司里，仅有10%的行政会议时间是用于营销的。[9]

随着CEO的注意力和想象力转移到其他职能，营销学界对营销在公司内部影响力的不断下降感到惋惜。致力于营销研究的知名学术智囊团——营销科学协会主任唐·莱曼（Don Lehman）最近指出："营销作为一种职能正在面临被边缘化的危险……有些人认为，营销人员的作用无非是打特价和发放优惠券。"[10] 著名的营销学教授弗雷德·韦伯斯特（Fred Webster）认为，营销已经把它的战略责任交给了没有系统地优先考虑顾客的其他职能部门。[11]

为了重振营销这一学科，学界已经召开了多次会议。为赢得CEO和财务总监的尊重，知名的营销学术利益集团发起了一项运动——试图通过展示营销费用带来的投资回报率（ROI）来证明营销的重要性。大家感知到，由于大部分CEO和公司只看重股东价值，营销的价值无法被湮灭。根据这一推理，营销人员必须找到能够记录其活动对股东价值产生积极影响的指标。

用投资回报率来证明营销的做法没有抓住问题重点，营销人员仍然误解了CEO的期望。当然，CEO也希望提高当前营销活动的效率，即4P策略的效率，但他们真正寻求的是：通过营销帮助公司在开拓新的商业机会，建立强有力的品牌和顾客特许权，提高组织整体的顾客反应能力，重新定义行业分销渠道，提高公司的全球效率，以及降低行业价格压力的风险等方面具备战略领导能力。营销人员需要做更好的事情，而不是仅仅把事情做得更好。

让营销回归首席执行官的议事表

世界大型公司联合会（The Conference Board）对CEO的一项年度调查中，请全球近700名CEO就他们公司在2002年面临的挑战进行了评议。[12] 在此次调查中，CEO一致认为"顾客忠诚度和顾客维系"成为首要的管理问题，超越了降低成本、培养领导者、增加创新和提高股价等其他问题。调查结果还进一步指出："价格的下行压力"已经成为市场上最重要的话题，排在诸如行业合并、资本获得机会和互联网冲击等挑战之前。

这项调查清楚地显示：CEO已经意识到，他们面临的最重要的挑战来自营销领域——他们只是不相信营销人员自己能够应对这些挑战。尽管营销职能在公司中已经丧失其重要性，但营销作为一种思维模式在公司中的重要性是毋庸置疑的。

CEO知道，他们的公司必须增强市场导向性、市场驱动性或者更多地以顾客为中心。然而真正的市场导向并不意味着公司转变为营销驱动型，它真正的含义是公司上下都以为顾客创造价值为中心，并把自己看作能够为目标顾客界定、创造、沟通和传递价值过程的集合。只有可感知的顾客价值，才能确保公司获得合理的价格甚至溢价，以及顾客忠诚度。

营销活动无处不在

如果认为组织中的每个人都应该服务于顾客并创造顾客价值,那么很明显,每个人都必须进行营销,无论其处于什么职位或部门。[13] 事实上,营销部门控制下的大部分传统营销活动,如市场调研、广告及促销,在创造顾客价值方面可能是最不重要的因素。

当会计部门能用顾客看懂的格式开具发票时,这就是营销;当财务部门能够基于不同顾客群开发灵活的付款方式时,这就是营销;当人力资源部门帮助常飞旅客挑选空乘人员时,这就是营销;当物流部门拜访一个重要顾客以协调供应链时,这就是营销;当运营部门的接待员微笑接待来酒店办理入住的每一位客人时,这就是营销。在以上所有活动中,营销部门发挥什么作用了吗?一点儿也没有。因此,营销部门规模的大幅缩减可能与遍布公司的大量营销活动,以及公司的市场导向性增强息息相关。[14]

随着营销活动分散在整个组织中,营销不再仅仅是营销部门的责任。例如,汽车行业的新产品开发需要营销部门(界定重要属性)、产品开发部门(设计出满足顾客需求的汽车)、采购部门(在开发新款时保证现实可行的成本效益平衡)、制造部门(实实在在地生产汽车),以及外部供应商(越来越需要模块化的子系统,而不仅是单个原材料或零部件)之间的相互协调。[15] 但是,谁来协调以上所有职能活动,以保证提供一致的顾客体验呢?

网络化的组织

三个相互促进的变化能让组织内的顾客价值创造活动得到更快、更一致的协调。[16] 第一,公司正按流程而非职能进行思考;第二,公司正从层级制度转向团队合作;第三,公司与供应商和分销商的交易关系正被伙伴关系取代。高度专业化的、垂直的、职能式的、分部制及封闭式的组织正渐渐变成相对松散的、平行的、灵活的、动态及网络化的组织。[17]

最终，顾客买到的产品是多个跨职能流程的结果。跨职能团队打破了原先的"孤岛"，加强了关键流程，比如新产品开发、顾客获取和订单履行。这些团队通常有指定的团队领导，但在非正式的情况下，领导权会根据团队成员的专长和遇见的问题在内部传递。这样的团队实际上完成了现今组织的大部分工作。[18]

网络化组织中的营销

目前组织中强调的是整合而不是专业化。[19]但传统上，营销重专业化而轻一般化，在加强知识深度方面给予学者和从业人员嘉奖，这导致知识的广度缩减。[20]

这种过度的专业化在商学院里表现得最为明显。关于营销的学术研究通常以极其复杂的方法来探讨和解决一些深奥但无关紧要的问题。为了从战略领域脱身，他们正在深入研究策略实施的问题。任何一位营销学术会议的与会者都会听到许多关于"促销"（即"降价"）的论文报告。本应是"梦想之地"的学术会议却变成了"交易之地"。营销系持续不断地培养出成千上万的本科生，尽管他们毕业后大都能在销售领域找到工作，但他们几乎无法说出让CEO感兴趣的话题。

在所有的专业领域中，营销部门无力领导CEO倡导的、需要跨职能团队参与的重大转型项目。相比之下，其他的职能部门都已经实施了变革性的创新行动，如运营部门领导的全面质量管理（TQM）、财务部门指导的经济增加值（EVA）和并购（M&A），以及会计部门推动的计分卡。[21]那么，营销部门究竟能做些什么呢？

营销是变革的引擎

对营销人员来说，要抓住 CEO 的想象力，则必须打破战术上的 4P 策略，与 CEO 主导的变革计划联系在一起。只有那些具有战略意义的、跨职能的、以利润为导向的倡议才能吸引 CEO 的注意。并且，营销人员只有通过倡导此类计划才能提升他们在组织中的重要性。[22] 营销决不能将其职权范围仅局限于实施上，它必须力争参与那些决定公司命运的对话。

在任何时候，CEO 都只能专注于少数几个重大的项目。因此，他们通常会选择那些需要在多个维度同时改进的创新行动——更好的服务、更低的成本、更高的质量、更强定制性，以及更集中的沟通。[23] 因此，营销人员应该瞄准那些涉及多个产品、国家、品牌、渠道或职能的问题。真正的变革型领导者会从多个维度和多个想象层次进行思考。

跨职能导向要求营销人员透彻理解整个价值链（其中包括工程、采购、制造和物流）以及财务和会计能够实现的职能，而不仅是广告、促销和定价。[24] 当一些经验丰富的营销人员向我咨询哪些营销课程可以提高他们的技能时，我就推荐他们去听财务课程或运营课程。只有当他们深入了解公司其他职能部门时，营销人员才能引领整个价值链的活动。变革型的营销应该专注的创新行动包括以下特点：

（1）能够在向顾客传递价值时获利；
（2）具备高水平的营销专长；
（3）需要跨职能部门的合作才能实现；
（4）以效果为导向。

正如谢斯和西索迪亚（Sisodia）教授所说，尽管许多公司的销售费用和营销费用比资本支出高出好几倍，但这些费用不像资本支出那样受到严格的评估。[25]原因在于，管理某一品牌的财务人员可能会花费更多的时间来估算投入多少资金来支持这个品牌，以及如何衡量这笔钱的支出效果，而营销人员只会不断要求更多的资金预算。[26]现如今，大大小小的股东都在向CEO施压，要求他们在保持总体战略方向的同时，实现短期利润和收入目标。因此，营销创新行动必须在利润或收入方面产生实质性的、可证明的效果，才能刺激到CEO。任何营销活动与其效果之间的时滞都不应该成为营销人员声称的在时机成熟时再测量这些效果的借口。诚信营销已势在必行。

CEO的营销宣言

图1-1将CEO的营销宣言划分为营销人员能够引导的七种变革性创新行动。这些行动通过了上面列出的三项测试：每个行动都是战略

CEO
- 倡导营销创新行动
- 成为顾客利益维护者
- 成为质量控制者

营销人员
- 更具战略性
- 更具跨职能性
- 更具利润导向性

1. 从市场细分到战略细分
2. 从销售产品到提供解决方案
3. 从衰落到增长的分销渠道
4. 从品牌"推土机"到全球分销伙伴
5. 从品牌收购到品牌合理化
6. 从"市场驱动"到"驱动市场"
7. 从战略业务单元营销到企业营销

图1-1　CEO的营销宣言

性的、跨职能性的和利润导向性的。尽管这七种变革行动并不一定适用于所有公司，但其中至少有一种是通行的。公司已采取的行动可能仅涉及下列的一项或两项，在这种情况下，每项行动对应的章节就能帮助提供战略和实施工具。如果公司之前没有考虑过这些行动，本书将帮助管理者实现从优秀到卓越。

从市场细分到战略细分

面对日益增长的价格压力和不断下降的顾客忠诚度，CEO从营销中寻求的无非就是差异化，尤其是竞争对手难以模仿的差异化。正如美国联邦国民抵押贷款协会（Fannie Mae，简称房利美）董事长兼CEO富兰克林·雷恩斯（Franklin D. Raines）所言："人们把抵押贷款看作商品，但是……没有什么东西一定是商品，抵押贷款也不例外……事实上，我们的战略是将抵押贷款从商品转化为证券等……我们不是在谈论单纯的品牌建设，我们的意思是创造能让消费者重视的真正的差异化。"[27]

长期以来，营销一直是依靠市场细分和组合营销来创造差异化。市场细分是指将市场划分为不同顾客群的过程。每个顾客群都可以通过4P的独特营销组合得到最好的服务。诚然，仅仅通过4P在不同市场细分中创造差异化是具有较大局限性的。营销需要一个框架来激发更大的战略洞察力，分析服务不同细分客户的跨职能意义，这样就可以识别出，在组织的深处，哪些地方创造了差异化。

为了实现这个目标，我提出了战略细分的概念。若想通过细分战略来创造有意义的差异化，就需要致力于为各个战略细分服务，并提供独特的价值网络。价值网络有时也被称为价值链或商业系统，是为顾客创造价值所必需的全部营销和非营销活动的系统性安排。复制一个价值网络比复制一个营销组合难度更大。因此，战略细分的概念有助于发现现实中深度差异化的机会。

第 2 章将讨论如何从市场细分转变为战略细分。采用战略细分框架将有助于营销部门解决 CEO 层面有关细分的问题，比如，一个组织能否同时服务于两个细分市场？在价值网络中，哪里必须进行差异化以服务不同的细分市场？什么情况下对 4P 进行差异化是足够的？如何进行战略细分和市场细分？

CEO 层面的细分困境是确定公司必须在价值网络的哪个位置建立差异化，以便于有效服务不同的细分市场，同时又不失去服务于不同细分市场的潜在协同性。如果战略细分的价值网络过粗，必然会引起顾客的不满；相反，如果价值网络中细分得过细，则可能会破坏达到规模经济的机会。

从销售产品到提供解决方案

基于产品的差异化通常是不能持久的，因为全球市场上有大量的供应商可供顾客选择。譬如，吉列公司（Gillette）花了近 10 亿美元和 7 年时间来开发三片式锋速 3 剃须刀，没料到英国零售商阿斯达（Asda）只花两个月就复制了它。如果产品之间无相对差异性，消费者只会为其表现出来的价值支付更多的钱。CEO 希望公司为顾客提供解决方案而非产品来提高顾客的忠诚度并减轻价格压力。

一位记者在 COMDEX（科技界最负盛名的贸易展览会）上听完太阳微系统公司（Sun Microsystems）、AMD 半导体公司、微软和其他公司的 CEO 的报告后发现，他们都表达出了惠普公司 CEO 卡莉·菲奥里纳（Carly Fiorina）的发言要旨："最新的、最重要的东西……并不是你最需要的……尽管新产品很酷，但你最想要的是解决方案……一个能够帮助你把你已经拥有的所有部件协同起来发挥作用，能够在全球网络中对你的系统进行无缝管理的伙伴。"[28] 难以想象，这句话出自一个热衷于推陈出新的行业。

仅在一个"品牌名"下提供另一个标准化产品的传统营销手段目前已经不能留住顾客了。现如今，顾客的时间紧、耐心少且要求苛刻。他们以产品质量为前提，要求解决方案、个性化、有意义的选择，以及便于打交道的公司。像百特国际（Baxter International）、固安捷（Grainger）、家得宝（Home Depot）和IBM这类公司已经认识到了这些需求。例如，家得宝公司的研究表明，传统的"自己完成"（Do-It-Yourselfers）正在演变为"代我完成"（Do-It-For-Mes）。因此，家得宝公司正在强化服务人员和培训人员向潜在顾客提问"你在做什么项目"，而不是"你在寻找什么产品"。

第3章将讨论想从提供产品转变为提供解决方案的组织需要做的必要性变革。销售解决方案带来了许多挑战，这些挑战往往出现在CEO的议程上。我们如何使公司的思维模式从开发"更好的产品"转向"解决顾客的问题"？我们如何使公司内部长期以来相互竞争的不同部门相互协调？我们如何评估解决方案对顾客的价值，并随后为这些解决方案定价呢？

致力于提供解决方案的公司在创建真正的顾客解决方案和维持公司盈利时会面临挑战性的困境。在某个阶段，销售解决方案的公司不得不面对这样的现实：要想满足顾客的需求，有时可能必须将竞争对手的产品和服务纳入解决方案中。此外，提供解决方案会给卖方增加大量额外的定制成本，而许多顾客认为他们有权获得批量折扣。

从衰落到增长的分销渠道

当今的分销渠道正处于不断变化之中。许多传统渠道正在衰退，而一些具有创新性的新渠道层见叠出。个人电脑行业的戴尔公司（Dell）和保险行业的First Direct采用直接分销战略抢占了市场领先地位。与之相反，嘉信理财（Charles Schwab）开发了金融超市，在一个长期实施垂直一体化的行业中专注于分销。通过提供来自不同供应商的大量开放式基金，嘉信理财给自给自足的投资者们提供了更有效的服务。

互联网的迅速发展引入了诸如亚马逊（Amazon）、亿贝（eBay）等概念，加速了分销渠道的数量增长和多样化。其中许多新的在线和离线渠道其技术含金量很高。与现有渠道相比，它们的竞争优势通常是效率更高且范围更大。在一些极端的情况下（如音乐行业），在线分销的效率和覆盖面已经打破了整个行业的商业模式。

传统上，汽车和金融服务等行业，以及诸如卡特彼勒（Caterpillar）、达美航空（Delta）和康柏（Compaq）等公司都强调忠诚于现有渠道，反对改变其分销结构。以汽车行业为例，在过去的100年里，汽车产品发生了显著的变化，但其分销基本上没有改变过。此外，与许多现有的分销网络一样，汽车经销商受到严密的契约保护。

由于CEO要求增加收入，加之新的分销形式具有更高的效率和覆盖范围，使公司不可能忽视这些新兴的高度发展的渠道。例如，即便是长期以来一直蔑视沃尔玛（Wal-Mart）或特易购（Tesco）这些超级巨型零售商并起诉它们低价出售其牛仔裤的李维斯公司（Levi's），也决定不能再忽视它们了。它正在推出一个新的牛仔裤系列，这个系列专门发往这类超市和巨型零售商进行销售。

第4章探讨了变革传统分销网络以及在未来不断发展的渠道中自我定位所面临的挑战。由于分销结构的决策具有长期相对稳定性和法律上的复杂性，渠道迁移的一些问题引起了CEO的兴趣，公司需要正视这些问题。对一个新的渠道，公司应该是在早期进入还是快速跟随进入？如何在管理现有渠道的同时迁移到新的分销渠道？如何管理随之而来的渠道冲突？哪些行业的公司最适合利用新渠道带来的机遇？

新的分销渠道会给公司带来两难的困境。一方面，在转型过程中，尽管新渠道迅速增长，但现有渠道仍占据了行业和公司收入的绝大多数份额，过快地进入新渠道会引发破坏性的新旧渠道冲突。另一方面，进入新渠道时如果犹豫不决会使公司陷入分销渠道衰退和分销成本升高的困境。各个行业（如娱乐、金融服务、个人电脑和旅游）的从业者都在努力寻求最佳的平衡办法。

从品牌推土机到全球分销伙伴

除了新的分销模式，现有的分销渠道正在被巩固且日益复杂。快速消费品（FMCG）类公司（包括那些家喻户晓的品牌）对零售商引起的财富急剧下降感到震惊。[29] 长期以来，零售商是本地的、分散的且技术落后的。因而强大的跨国制造商，如可口可乐（Coca-Cola）、高露洁（Colgate-Palmolive）、吉列和宝洁（Procter & Gamble）就像品牌推土机一样，把它们的产品和促销计划强推给零售商，而零售商们只能顺从地接受。

短短的20年里，这些都已成为历史。最大几家的零售商，如法国的家乐福（Carrefour）、德国的麦德龙（METRO）、英国的特易购和美国的沃尔玛，足迹遍布全球。在零售业的早期整合阶段，这些零售商的全球收入就已经超过了一些大型品牌制造商。随着零售商的壮大，在与供应商的关系中，它们已经从弱势转变为强势。这种力量的转变以及零售商的全球采购行为给老练的营销人员——一流的消费品制造商——带来了巨大的价格压力。

过去行之有效的品牌管理系统如今在处理大型的、专业化的零售商时显得力不从心。一般的品牌经理缺乏经验，过分专注于品牌，以短期目标为导向但同时缺乏内部权威和资源，因而无法在全球零售市场上与采购对手结成战略合作伙伴。因此，公司不得不引进品类管理（将某一特定品类内的所有品牌进行整合管理，以确保更大的战略一致性）和客户开发团队（将不同品牌、品类、职能和国家的代表聚集在一起，以便向零售商展示统一的形象）。不幸的是，所有这些变革并没有帮助 CEO 认识到，营销部门在品牌、品类、国家、顾客和公司层面存在大量重复的职能。

第 5 章分析了制造商从品牌推土机演变为全球强势分销伙伴所需的组织和文化转型。通过全球零售商实现巨额销售量需要 CEO 亲自参与到这些合作关系中。例如，宝洁公司全球营业额的 17% 以上是由沃尔玛这一家零售商提供的。发展全球产销伙伴关系提出了许多问题，包括如何产生信任，如何管理全球零售商的需求，以及如何发展全球顾客管理结构，以达到高度契合。

目前，制造商面临的全球顾客管理困境是：几乎完全一样的产品在不同国家可能存在 40%～60% 的差价。全球分销伙伴要求世界范围内的价格统一导致制造商的产品和价格变得透明。不幸的是，对大多数在世界各地市场运营的制造商而言，顾客的"无知"是它们最大的利润中心！[30]

从品牌收购到品牌合理化

强大的分销商正在利用其巨大的影响力与供应商谈判，迫使供应商同意为他们提供贸易促销、进场费和损失费用，当然还有产品价格的进一步优惠。于是营销人员越来越多地将资源转移到各种形式的促销活动中，以提高销量。1997 年，美国超市通过促销活动销售的特价商品占总销售量的百分比分别为：现烤面包 35%、纸尿裤 36%、冰冻橙汁 62%。类似地，30 年前特价商品销售额仅占百货公司销售额的 8%，现已攀升至 20% 左右。[31]

即便是耐用消费品和情感产品也不例外。例如，对美国三大汽车制造商来说，每辆车的销售提成已经达到了 3764 美元或占汽车销售价格的14%。[32] 如果产品没有强大的品牌和竞争力，即使是短期促销活动也有可能适得其反。2001年秋天，为吸引美国顾客进入自己的展厅，三大汽车制造商掀起了一波零利率分期的浪潮。顾客在走进展厅对比后，结果还是选择了丰田和本田汽车，尽管这些日本公司没有提供类似的低利率。这也难怪克莱斯勒（Chrysler）的CEO迪特尔·泽斯切（Dieter Zetsche）正试图让克莱斯勒摆脱激励措施，他这样说："我把它看作是一种药物，即使能为你带来片刻缓解，但从长远来看它是极其有害的。"[33]

CEO也很疑惑，为什么营销总是致力于短期促销，而不是在建立品牌资产方面长期投资？为什么分销商总能在与制造商的谈判中获取价格优势？在很大程度上，答案在于品牌的扩散。阿克苏诺贝尔、伊莱克斯（Electrolux）、通用汽车（General Motors）、固特异和联合利华等公司直到最近才在其组合中纳入多种品牌，其中大部分是近些年收购的。尽管每个组合中都包含强大的全球性品牌，但相当一部分还是弱势的地方性品牌。

分销商和零售商非常擅长让制造商的弱势品牌之间相互竞争，并以其知名品牌为要挟。CEO要求营销人员严格审查品牌组合，然后剔除、合并或出售较为弱势的品牌，以重点发展少数几个真正具有差异化的品牌。

第6章探讨了品牌组合战略的转变，从品牌收购到品牌合理化。一个公司如何决定剔除哪些品牌？每个品牌在组合中的作用是什么？如何合并品牌？每个品牌的决策权应该放在组织中的哪个位置？

品牌合理化的困境在于如何能够做到在不丢失相关顾客和销售业绩的情况下删除边缘品牌。成功的品牌合理化需要缩减品牌组合，然后通过专注于剩余的品牌来提高销售和利润。

从市场驱动到驱动市场

所有 CEO 议程中的首要任务都是通过创新实现增长。CEO 会投入大量资源来推出新产品，因为他们明白，如果不进行创新，就是在拿公司未来的增长和盈利冒险。据估计，美国 2023 年仅在日用消费品行业就推出了 3 万种新产品。尽管一个新品发布的平均成本是 2000 万到 5000 万美元，且大约 90% 的新产品都以失败告终。

遗憾的是，大多数新产品都只是渐进式创新，例如公司的新产品系列，产品线的延伸（如新口味）或现有产品的改进。在所有新产品中，只有不到 10% 的产品是真正的创新或者说"对世界来说是新的"。毫不奇怪，美国和西欧 50%～80% 的消费者认为，所有产品类别（如住房、服装、家具）和服务类别（如保险、医院、教育、政务），在过去两年里都缺乏有价值的创新。[34]

不幸的是，营销人员在执行 CEO 的创新议程时犯了两个错误。第一，营销人员总是倾向于将创新狭义地理解为新产品开发。第二，大多数营销人员认为，新产品开发始于对消费者的调研，而这种市场驱动的被动型方法通常只能促进产品的渐进式创新，而非真正的颠覆式创新。

CEO 坚持认为，公司考虑的创新不仅是新产品、新服务，更是新流程。更确切地说，他们的任务是催生变革性的市场驱动概念，如 NTT DoCoMo 的 i-mode、索尼的 PlayStation、雀巢的胶囊咖啡（Nespresso）以及飒拉（Zara）的低价流行时装——这些产品改变了一个行业的规则和界限。美国 3M 公司也是一个典型案例，它通过驱动市场的主动型创新 [便利贴（Post-it-notes）] 而不是以满足市场驱动的被动方式来创造顾客需求。

第 7 章探讨了从市场驱动的被动型营销向驱动市场的主动型营销的变革。它给 CEO 通过创新改变行业的议程提出了一些至关重要的问题。什么流程会推进颠覆式创新？我们需要什么样的营销战略来驱动市场型创新？我们如何同时管理渐进式创新和颠覆式创新？

驱动市场的主动型营销的困境在于，如何既通过市场驱动的过程满足现有的客户需求，又通过驱动市场的过程创造新的市场需求，同时又不致太过超前，在三者之间寻求适当的平衡。

从战略业务单元营销到企业营销

在大多数组织中，营销被置于战略业务单元（SBU）层面，这与营销部门长期专注于 4P 策略相一致。营销部门的作用越来越被局限于短期的需求刺激，而不是 CEO 制定战略内容时的合作伙伴。[35] 这样一来，营销部门很少在企业担负起实质性的职能或角色。

现如今，许多 CEO 认为营销在战略层面上是失败的，因为营销部门的工作没有与企业的战略目标和总体战略保持一致。管理者在面对业绩和成果展示的压力时，就像应对许多复杂的挑战一样，总想着寻找快速解决方法。营销人员从来没有通过为顾客创造长期价值和改进公司的成功模式来提高市场份额和销售额，他们总是试图采用一些令人生疑的临时性战术（如加大促销力度，让销售人员更努力，把库存更多地塞给分销商）。这些方法是刻板且短效的。[36]

营销缺乏生产力的原因往往是过度强调短期策略、获取新顾客和占领市场份额，在如何通过已有顾客或市场份额增加盈利方面考量不足。此外，CEO 甚至对营销的收益也没有确切的把握。正如一家食品配料公司的 CEO 对我说的那样："我们把所有钱都花在了营销上，却不知道能有哪些回报。即使在价格上竞争我都会很高兴，但现在我们是在成本上竞争。"

CEO 希望营销成为战略合作伙伴。当整个组织的营销转型跨越几个 SBU 时，SBU 的营销人员通常缺乏领导变革所需的影响力，因此许多企业都任命了首席营销官（CMO）。诸如品牌组合合理化、颠覆式的市场概念创新、销售解决方案或全球分销合作等转型工作都需要公司营销作为引擎。

第 8 章探讨了从 SBU 到企业营销的变革。它回答了这些问题：营销如何从企业中心创造价值？企业营销的作用是什么？首席营销官应该发起哪些创新行动？存在哪些营销协同效应和杠杆作用的机会？

企业营销的困境在于许多企业认为所有的营销都是局部的。营销人员必须证明他们可以成为 CEO 的合作伙伴，从企业中心创造价值，同时平衡 SUB 合法的部门利益。

培养组织对顾客的尊重

感到沮丧的并非只有 CEO。营销人员也可能在私下里抱怨 CEO 不了解营销职能，对销售和营销的过程参与不足；[37] 或抱怨其他人都只把他们看作巨大的成本中心，是一种保持竞争的手段；[38] 还有人抱怨营销就像一个慈善机构——在公司资金充足时就发展得好，在公司发展不景气时就会第一个被裁。[39]

许多营销人员认为 CEO 并没有把营销纳入公司战略，并且对营销的作用抱有不切实际的预期。促销——也就是降价——常常会泛滥成灾，因为营销人员只是去销售工厂生产出的产品而已。这种情况在汽车行业尤为普遍，像克莱斯勒、福特和通用汽车公司的领导层都没有解决产能过剩、品牌重叠和产品的差异化等根本性问题。只要不建立定制化的生产系统，汽车销售人员和顾客之间的紧张关系就会持续加剧。因为销售人员必须卖出现有库存，顾客想要的是他们心目中的那种汽车，而不是展厅里成排的汽车。

一些 CEO 错误地认为只要从其他公司聘请世界级的营销人员，就能把他们的公司转变为市场驱动型的公司,但这些营销人员无法简单地将营销专业知识嫁接到一个完全没有以市场为导向的组织中。[40] 像联合利华和雀巢这样的公司中的确有优秀的营销人员,但他们的营销之所以成功是因为整个公司(包括 CEO)都专注于顾客。

CEO 从一线领导而不是高高在上

不幸的是,CEO 与他们的顾客基本上没有沟通。如果一家大型汽车公司的 CEO 从未在经销店买过一辆汽车,那他如何能够了解顾客的不满呢?这与亨利·福特(Henry Ford)的敏感性形成鲜明对比——"当一辆福特汽车出现故障时,我知道这该怨我。"[41]

为了感受顾客的体验,CEO 和高层管理人员必须学会从一线领导而不是高高在上。在西南航空公司(Southwest Airlines),高层管理人员必须定期花时间与顾客进行接触,并检查其他员工与顾客的互动情况。易捷航空(easyJet)的 CEO 斯特利奥斯·哈吉—约安努(Stelios Haji-Ioannou)就经常乘坐其公司的经济舱。索尼的高级管理人员会根据产品随附的说明书来安装自己的录像机,这使一种基于说明的、更方便的应用程序得以开发。一家化学公司的 CEO 经常记录顾客对自己公司的投诉,并评估对顾客问题的反馈情况。相比之下,有多少 CEO 能记得他们产品的客户服务号码呢?

CEO 应该是顾客利益的捍卫者,是产品质量控制系统的定期测试者。他们的一些行为符号能够将这种角色最有效地传达给员工。例如,如果文华东方酒店集团(Mandarin Oriental Hotel Group)的一位管理人员在等电梯时发现烟灰缸已堆满,他会亲自进行清理;国泰航空在飞机满员时,会督促乘坐飞机的董事会成员让座,优先为付费乘客提供座位。有段时间,不同的业务部门相互竞争,看谁能更多地让董事会成员让座,从而显示出他们的顾客导向性。

谨防虚假营销指标

为了获得尊重，一些营销人员急于从盈利能力和股东价值的角度对每项活动进行量化。毕竟，无法衡量的东西就无法管理，更不用说增加价值了，对吧？但值得注意的是，我们必须谨防一些虚假的衡量指标。[42] 与广告相比，我们更容易衡量促销对销售和利润的影响，但这并不意味着我们应该更依赖促销。如果没有持续一个世纪的广告宣传，可口可乐就不会成为一个全球知名的品牌。

组织中的每个人，包括营销人员，都必须以利润为导向。如果利润不足，公司就无法继续为顾客服务，也无法吸引资源为更多的顾客服务。即使销售额和利润足以说明公司过去的表现，我们也必须增加一些营销指标，如品牌资产、顾客满意度和顾客忠诚度，这些指标可以帮助我们了解公司当前是否"健康"运转以及未来的前景。[43]CEO在这个过程中发挥着重要的平衡作用。文华东方酒店集团的罗伯特·赖利（Robert E. Riley）曾说："作为常务董事，我对品牌负有最终责任——在每个组织中，最终都需要 CEO 在短期财务目标和建立长期品牌的需求之间做出平衡。"[44]

通过建构和实施重要的衡量指标，我们可以清楚地将向营销投资与通过满足顾客而盈利的最终目标联系起来。这些营销指标可以帮助回答公司的营销效果方面的一些重要问题：我们是否为顾客提供了更好的服务？我们是否已经以一种清晰可见且对顾客有价值的方式实现了真正的产品差异化？我们的差异化是否带来了利润？我们的溢价是否反映出为顾客创造了额外价值？与竞争对手相比，我们是否更好地满足了顾客需求？我们是否比其他公司更快地抓住了市场机会？我们的员工是否懂得如何为顾客创造价值？分销商是否必须销售我们的产品以保持业内领先？这些问题将帮助公司了解营销绩效。

非常遗憾的是，管理层通常不会注意到这些问题。大多数董事会专注于过去的财务业绩和拟议的财务预算，几乎不会将他们的宝贵时间用于营销及战略有关的问题，但前者又很少会去付诸实践。在我任职董事时，我一直主张公司应该仔细评估顾客满意度、品牌资产和顾客忠诚度等营销指标。让我们把顾客"带进"董事会的会议室吧。

发现消费者资本主义

网络泡沫的破灭以及安然（Enron）、泰科（Tyco）和世通公司（Worldcom）的破产改变了组织领域，这些转变可能会使营销部门和客户受益。真正的顾客价值创造战略（而非股价驱动的战略）又开始流行起来。在经历了 20 世纪 90 年代末的金融工程，只要公司重新审视 50 年代和 60 年代提出的公司目标，就会有良好表现。

1954 年，彼得·德鲁克提出，顾客决定了业务的性质并且是业务的基础。[45] 哈佛商学院教授特德·莱维特（Ted Levitt）非常有说服力地指出："公司的目标是创造和留住顾客。"[46] 他认为，利润只是对公司目标毫无意义的陈述。如果没有深入了解顾客，也不知道如何有效地服务他们，就不可能有利润。

20 世纪 60 年代，菲利普·科特勒提出了一种营销理念：利润不是目标，而是创造了顾客满意度带来的回报（见图 1-2）。以销售为导向的公司生产产品，然后通过销售和广告来寻找顾客；而以营销为导向的公司则是先发现顾客需求，再通过一体化的营销组合（由著名的 4P 组成）来满足顾客的需求。[47]

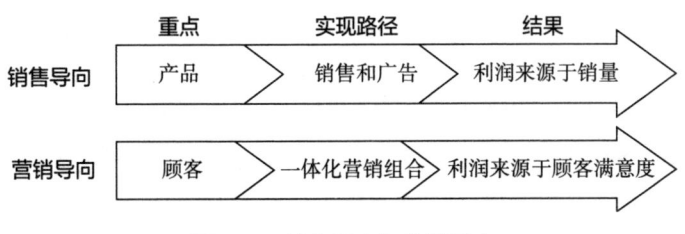

图 1-2　销售导向与营销导向

我们必须重申公司的根本目标：始终为顾客服务，而不是使股东的价值最大化。我所说的消费者资本主义（customer capitalism）就是公司赚取合理的利润后用于再投资，并继续为顾客提供服务。沃尔玛的CEO李·斯科特（Lee Scott）将沃尔玛进入金融服务领域看作一次机会："相比于其他方式，我更愿意按照沃尔玛的路线继续走下去。而不是根据市场定价，说市场的利润率是70%，而我们是50%，而且会赚更多的钱同时保持低价。我更愿意问：这样做的合理利润是多少？"[48] 举例来说，沃尔玛计划推出的工资支票兑现的手续费统一为3美元，而其竞争对手则是收取3%~6%的佣金。

消费者资本主义超越了北美的股东资本主义（股东价值最大化）或欧洲更分散的利益相关者资本主义（兼顾员工、股东、社区和环境的要求）。公司必须重新提出像印度阿拉文（Aravind）眼科医院那样的使命宣言："通过向所有人提供合适的、关怀的、高质量的眼科护理以根除不必要的失明。"强生公司几十年来一直围绕着这样的一纸信条：

> 我们的首要责任是对医生、护士和病人，对母亲和父亲，以及所有使用我们产品和服务的人负责。在满足他们需求的同时，我们所做的一切必须是高质量的。我们必须不断努力降低成本，以保持合理的价格。顾客的订单必须得到及时且适切的服务。我们的供应商和分销商必须有机会获得合理的利润。[49]

公司的目的是为顾客的需求服务，并为他们创造价值。创造顾客价值要求公司以一种协调的方式运行，而不仅是营销部门的事。如果我们考虑到权力的本性——寻求单边控制，保护私有利益，独享信息和拒绝他人介入——以及将所有权分配给某一特定集团的诸多问题，我们将会清楚地看到营销的责任和义务同属于 CEO、高管团队、高级业务经理以及营销专家。[50]

◆ 本章小结

尽管营销面临着许多挑战，但好消息是，营销可能正迎来一个最佳时机，通过变革对组织的利润和收入产生影响，进而在组织范围内发挥领导作用。改变营销格局的力量会迫使公司加强其营销工作。正如宝洁公司的一位前 CEO 所言："我们并不寄希望于情况好转，而是寄希望于我们自己变得更好。"

公司目前意识到，它们越来越多需要从基于市场的无形资产而不是有形资产中获取价值。一夜之间失去所有工厂和一夜之间从人们的记忆中抹去品牌名称，哪种情况会对可口可乐的市场价值产生更大的影响呢？显然是后者。品牌、顾客和分销商在任何公司都是最重要的资源，而营销人员则是这些资源的主要守护人。

在 21 世纪初，营销人员面临着变革的挑战。随着行业和国界的界限越来越模糊，跨行业思考、超越文化和寻找共同点正在成为新的必要能力。[51] CEO 需要的是远见卓识而不是后知后觉，需要的是创新者而不是战术家，需要的是市场战略家而不是营销策划者。营销人员必须学会通过洞察消费者产生想象力进而引领市场，而不是依靠市场调研进行预测。作为营销人员，我们准备好迎接这些挑战了吗？我们别无选择，只能摒弃官僚等级制度、国家和职能界限，当然最重要的是先摒弃 4P 战略。

|第 2 章|
从市场细分到战略细分

如果有一天你破产了,会有人想起你吗?

营销的基本任务是在认识到顾客的重要性之后,使公司产品与竞争对手的产品具有差异化。为了创造这种差异化,营销人员通常会使用营销策略三要素,即市场细分(Segmenting)、目标市场选择(Targeting)和市场定位(Positioning),简称"STP"。市场细分是指将市场划分为同质化顾客群体的过程,这些顾客对特定的营销组合(产品、价格、渠道和促销)有相似的反应。这是公司将产品定位到目标群体的基本战术工具。任何一位营销从业者都可以轻松地谈论关于市场细分、目标市场选择和定位的话题。

让 CEO 感到最沮丧的是,他们的营销人员无法在产品之间创造这种可感知的差异。战术导向导致营销人员过于依赖营销组合,这限制了他们在战略细分时的差异化深度。这种更深层次的差异化对创造可持续的收益以及避免商品化都至关重要。

与仅使用 4P 所创建的相对较浅的市场细分差异化不同,深度差异化是通过将公司的竞争优势来源植入为某个特定战略市场细分服务的价值网络中来实现的。[1]价值网,即有效服务于所选细分市场所需的活动的跨职能协调,包括基于4P的差异化。[2]同时,它不只包括营销,还包括对其他职能(如研发、运营和服务)的差异化。

本章首先讲述了营销人员如何看待市场细分。但本章的重点在于提出一种新的方法将市场细分概念化,该方法基于市场细分和战略细分的差异对比。市场细分需要独特的4P组合,战略细分则需要独特的价值网络配置。市场细分和战略细分之间的这种差异对组织及其竞争优势的来源具有深远的影响。

为了回答战略细分的跨职能意义,而不是局限于4P战略,营销人员必须从重要顾客、价值主张和价值网络三个方面进行广泛思考,我把它们称为"3V战略"。提出战略市场细分的概念和使用3V战略能够让营销更具可塑性,并且能够回答一些重要的问题:一个公司如何创造可持续的差异化?为特定细分市场服务的跨职能意义是什么?在为不同细分市场的组合服务时,存在哪些积极或消极的协同作用?价值网络应该从哪里切入,以服务于不同的细分市场?我们的营销理念的独特性有多强?在竞争力、流程和资产方面,我们的差异化优势的来源是什么?会引起CEO兴趣的是这些与市场细分和差异化相关的战略问题,而不是营销人员长期关注的4P战略。

市场细分:基于4P划分

让我们先来看看营销人员长期以来是如何形成市场细分概念并在实践中使用的。从概念上讲,营销人员首先要确定各个细分市场,然后选择适当的细分市场作为目标,最后利用4P战略为公司应该向这一目标市场提供什么样的产品进行定位。当然,在实践中,市场细分是一个非常烦琐的过程。

市场细分

在任何市场上，不同顾客的需求和期望都有所差异。为了确定顾客属于哪个领域，细分过程中要确定各种变量，这些变量将最大限度地扩大不同细分市场之间的差异，同时尽量减少每个细分市场内部的差异。创造性的细分可以帮助公司通过改变4P的一个或多个元素，为每个细分市场制定适切的差异化营销组合，帮助公司更加接近客户。

从顾客的角度来看，最终的细分方案是大规模定制的，其意思是每个顾客都是一个不同的细分市场。大规模定制的经典案例是戴尔电脑公司，戴尔能够根据每个顾客的需求为其配置电脑。但对很多公司来说，灵活的生产系统、快速反应的供应链、较短的产品开发周期会使其成本相对较低，也更易借鉴大规模定制的理想。同行竞争压力也在迫使这些公司朝着个性化定制的方向发展。正如一家欧洲公司的CEO几年前所说的："在20世纪80年代，我们从每一个个体中寻找顾客；而到了20世纪90年代，我们必须寻找每位顾客的不同点。"[3] 然而，大多数公司仍然必须在公司逻辑和顾客逻辑之间进行权衡。公司逻辑是规模经济，要求细分市场越大越好，而顾客逻辑是促使公司认识到每个顾客的独特需求。[4]

细分赖以实现的变量有很多。从这个意义上讲，细分是一门艺术。它是一面透视镜，通过它可以观察一个行业中的全部顾客。市场必须不断地被细分和再细分，从而得出一个方案，形成可参与的细分市场。可参与的细分市场有三个特点：(1) 独特性，即不同的细分市场对营销组合的反应不同；(2) 可识别性，即能够合理地描述哪些顾客属于哪个细分市场；(3) 足够大的规模，这使为各个细分市场开发定制化的营销方案在经济上是可行的。

细分变量可以大致分为两类：识别变量和反应变量。识别变量首先是根据"顾客是谁"这一问题来对市场进行细分，以期产生的细分市场在应对不同营销组合时的反应和表现不同。这就是所谓的"先验市场细分"。例如，在消费者市场中基于性别、年龄、教育和收入制订的细分方案，或者在企业市场中基于公司规模、行业和地理位置制订的细分方案。与此相反，事后市场细分是通过使用反应变量，根据客户的行为方式来划分市场，以期产生的细分市场在客户特征方面有足够的差异，便于识别。例如，可根据那些主要关注价格的人群和那些专注于可靠性或服务质量的人群来划分电信用户。图2-1列出了一些常用的细分变量。

识别变量（他们是谁？）

消费者市场

- 人口学变量（年龄、性别、生命阶段、种族、宗教）
- 社会经济因素（收入、职业、受教育程度）
- 心理因素（信仰、观点、活动、兴趣）

业务市场

- 地理位置
- 行业
- 顾客规模

反应变量（他们需要什么？）

期望得到的

- 价格、可靠性、服务

应用或使用情景

- 计划和非计划的维持（卡车、工厂）

营销组合的敏感性

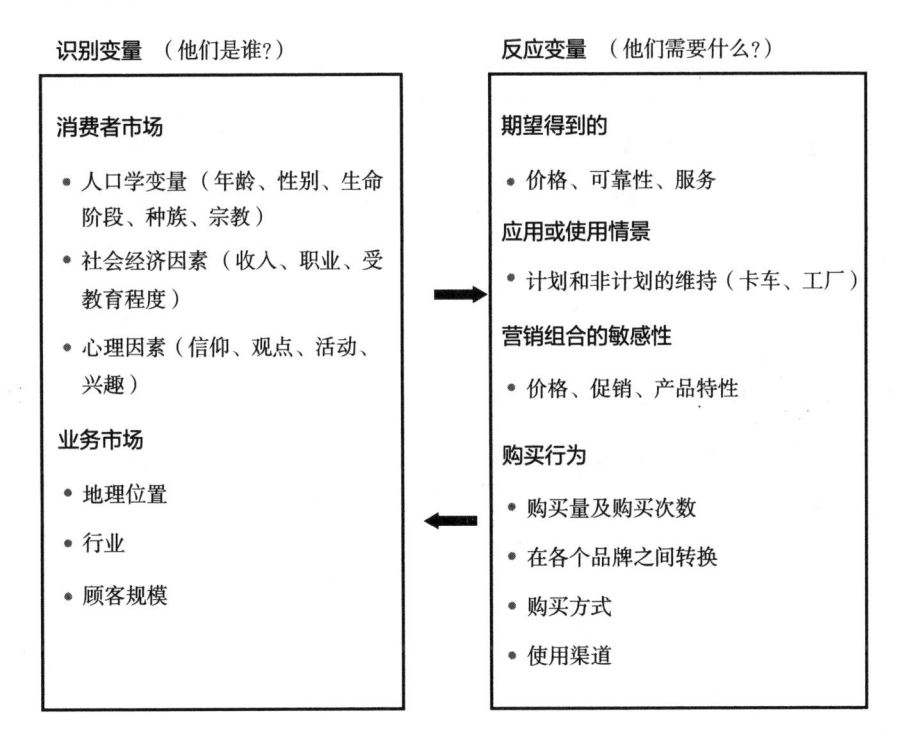

- 价格、促销、产品特性

购买行为

- 购买量及购买次数
- 在各个品牌之间转换
- 购买方式
- 使用渠道

图2-1　常用的细分变量

在实际操作中，管理者需要先验市场细分和事后市场细分来帮助他们深入了解细分市场。但很遗憾，许多公司通常过于依赖先验的细分变量，如通过公司规模在业务市场中对顾客进行细分，成了一种非常流行的方式。但由此产生的小、中、大公司的三个细分市场，虽然易于分析，但在顾客需求或行为方面很难显示出足够的差异化。一些小公司正在寻找与大公司相同的利益，反之亦然。

目标市场选择

目标定位或目标市场选择是决定公司应积极追求哪些细分市场以产生销售额的过程。公司要在无差异战略、差异化战略或集中战略中进行选择。无差异战略试图用相同的营销组合来瞄准所有的顾客。最著名的例子是1908年亨利·福特关于福特T型车（Ford Model T）所发布的公告："只要它是黑色的，你就可以把它涂成任何颜色。"虽然这听起来像是营销概念的一个大忌，但在一些情况下又不无道理。如果标准化能够将传递价值主张的成本降到最低水平并吸引大批量的新顾客，那么无差异战略则会很强大。

差异化战略可以同时瞄准几个细分市场，每个细分市场都有其独特的营销组合。例如，福特汽车公司有一个品牌组合，包括阿斯顿·马丁（Aston Martin）、福特（Ford）、捷豹（Jaguar）、路虎（Land Rover）、林肯（Lincoln）和沃尔沃（Volvo），用以攻破汽车市场中的各个细分市场。[①]

最后，集中战略是选择一个细分市场，并专注于为其提供服务，就像保时捷历来对40岁以上、男性、大学学历、年收入超过20万美元的顾客群体所做的那样。保时捷的细分市场应用了心理学的统计数据：顶尖人物（Top Guns）是有动力和野心的人，他们希望受到关注，看重权力与控制；精英分子（Elitists）是有钱有势的贵族，他们认为无论多贵的汽车都只是交通工具，而不是一个人个性的延伸；幻想者

---

① 福特公司为度过2008年暴发的国际金融危机，陆续出售了阿斯顿·马丁、路虎、捷豹和沃尔沃四个品牌，断臂求生。——译者注

（Fantasists）就像沃尔特·米蒂（Walter Mitty）①，他们靠车逃避现实，并对拥有汽车产生负罪感；傲娇的顾客（Proud Patrons）认为拥有汽车本身就是一种目标，是对自己努力工作的奖赏；而享受生活者（Bon Vivants）则是为了寻求刺激，认为汽车能使他们更富有激情。[5]

定位

定位是指为目标细分市场制定一个独特的销售主张（简称 USP）。一个公司的独特 USP 既要体现出独特（即区别于竞争对手），又要保证产品的可销售性（即对目标顾客有吸引力）。这是公司在市场上存在的理由，也是如果公司破产，消费者会想起它的原因。一个清晰而独特的 USP 应该能够用下面这个句式简洁地传达出其含义："你应该购买我的产品或服务，因为……"在完成这句话的过程中，答案应该是基于顾客利益而不是产品特性。CEO 之所以会对营销人员感到失望，很大程度上就是因为营销人员给出的答案未能让人信服。无法做到这一点的结果是，要么与客户就价格进行谈判，要么失去销售额。

大众汽车（Volkswagen）美国公司的目标对象是年轻、受教育程度高且富裕的人群，具有爱冒险、有自信心理特征的顾客群体。这类人群喜欢驾驶，甚至有时为了冒险而不遵守限速规则。因此，大众汽车从理性上将自己定位为"价格合理、德国制造"，在情感上将自己定位为"与道路和世界更紧密相连的不同驾驶体验"。与日产（Nissan）、本田（Honda）、马自达（Mazda）和丰田（Toyota）相比，顾客认为大众汽车更容易驾驶，更有质感，更有个性和活力；与宝马（BMW）、萨博（Saab）、奔驰（Mercedes-Benz）、沃尔沃相比，大众则显得更平易近人，更讨人喜欢，更有价值和人性化。[6] 关键在于：如

---

① 沃尔特·米蒂是电影《白日梦想家》（*The Secret Life of Walter Mitty*）的男主角，性格内向，面对生活像个旁观者，时常"放空"做白日英雄梦。——译者注

果公司想要在顾客众多的选择中脱颖而出，就必须非常明确自己的定位或独特的 USP。

复杂的市场细分：迈达斯[①]风格

营销的战术导向特征表现在上文总结的关于市场细分的智慧上。市场细分的概念是为了决定如何改变营销组合的 4P，以服务于不同的细分市场。市场细分有助于营销经理确定和部署用哪种营销组合为每个独特的细分市场服务。

公司的市场细分过程比教科书上讲得更复杂、更烦琐。为了揭示市场细分在实践中是如何运作的，我们来看一下迈达斯公司和汽车维修业。[7]迈达斯公司为消费者提供刹车、消声器和排气管的上门维修服务。它利用三个识别变量对其顾客进行细分：（1）车龄——因为车龄越大，顾客越有可能需要迈达斯；（2）车的尺寸——因为车越大，销售价值越高，利润也就越高；（3）司机的性别——因为女性司机更有可能购买额外服务。针对这些细分变量，迈达斯公司根据顾客及其汽车特征来调整营销组合。

迈达斯的市场细分并不止于此。根据服务预期和需求，它还进一步发现了两个客户群体——汽车爱好者和实用主义者。汽车爱好者把车看作珍贵的财产，而实用主义者则倾向于把车看作从一个地方到另一个地方的工具。这两个群体都希望从迈达斯获得相同的基本价值主张：快速、可靠、一次性的维修。然而，为了完全满足这两个群体，迈达斯公司围绕这一价值主张提供了不同的额外服务。

---

① 迈达斯（Midas）为美国著名连锁修车行，主要以特许经营的方式在 14 个国家开了 2250 家汽修店，其中美国及加拿大有 1500 家，在美国的品牌认知度超过 90%。2012 年 4 月 30 日，汽车维修和轮胎销售公司 TBC（住友商事及美国住友商事的子公司）宣布收购迈达斯，收购金额约为 3.1 亿美元。

在与汽车爱好者交谈时，维修人员应将讨论的重点放在车上，在车主等待的过程中让其观看维修过程。在新零件的包装中提供旧零件，让车主明白零件已经进行了更换，并每六个月打一次电话进行跟进，提醒客户他的车应该进行检修了。相反，实用主义者会认为所有这些服务都是令人厌烦的。维修人员应与这类客户谈论他们的生活，在等待时为他们提供一份报纸或一个游戏，让他们放心先前的小噪声问题已经解决，并保证汽车在多少里程内不会再出现这类问题了。

战略市场细分：基于 3V 的划分

诸如上述只需要改变营销组合的市场细分和服务细分，与战略市场细分是有一定差异的。战略市场细分是那些要求独特价值网络的市场细分，而不仅是改变营销组合。例如，迈达斯公司迎合了在汽车维修业务里需要"快速机械维修"的战略市场细分，而不是由厂家授权的汽车经销商提供"质保维修"；由独立维修厂提供的"专业维修"；由汽车美容店提供的"重大责任事故维修"或汽车爱好者们进行的"自主维修"。每种战略细分都与一套独特的关键成功因素有关。

对战略市场细分的识别有助于业务部门经理决定部署哪一个价值网络。如果一个公司希望为两个不同的战略部门服务，它就必须开发两个独特的价值网络。与市场细分的情况不同，为不同的战略细分服务需要对其他职能（如研发或运营）进行调整，而不是简单地调整4P。因此，我认为用3V（重要顾客、价值主张和价值网络）来思考比4P更为合适。[8]

让我们以航空业为例，更加深入地说明战略细分的概念以及3V。在欧洲，领先的低成本航空公司是易捷航空，它以美国西南航空为榜样。[9] 易捷航空自 1995 年 11 月起取得了非凡的成功，当时它宣称为从伦敦飞往格拉斯哥的乘客提供 29 英镑的单程票价，其口号是："以一条牛仔裤的价格飞往苏格兰！"在该公司创始人斯特利奥斯的卓越领导下，易捷航空对英国航空、法国航空、荷兰皇家航空和瑞士航空等传统欧洲官方航空公司造成极大威胁。对比官方航空公司和易捷航空在 3V 上的表现可以看出，易捷航空突出了战略细分的力量。

重要顾客——为谁服务？

3V 中的第一个 "V" 即重要顾客，或者说是为谁服务。传统的官方航空公司（如荷兰皇家航空和瑞士航空）的目标市场是所有人，然而，它们最重要的顾客是商务乘客。与"从别人腰包里掏钱"的商务旅行者不同，易捷航空的目标顾客是那些自掏腰包的人。虽然这些人中绝大部分是休闲旅游者，但也有一些商务人士（如创业者和需要自掏腰包的小企业主）。总的来说，这在欧洲是一个很大的市场细分，在易捷航空和瑞安航空（Ryanair）等低成本航空公司出现之前，这个细分市场一直对航空服务感到不满。上述两个市场细分是战略市场细分，因为有效地服务于顾客需要不同的价值网络，而不仅是差异化的营销组合。

价值主张——提供什么？

3V 中的第二个 "V" 是价值主张，即向重要顾客提供什么。它揭示了这两个细分市场之间的显著差异。商务旅行者的账单由公司支付，他们不论对服务（如座位舒适度和商务舱服务）还是赠品（如免费报纸、餐点和里程积分）都非常挑剔。此外，他们还需要选择座位、旅行代理机构和全球网络，以节省时间、实现无缝连接，并能够灵活地更改航班以适应繁忙的日程安排。

相比之下，虽然休闲旅游者可能也想要上述服务，但如果要做出选择的话，他们会为了更低的价格而放弃以上所有服务。金（Kim）教授和莫博涅（Mauborgne）教授提出的四个问题为理解易捷航空的价值定位提供了一个框架，每个公司都应该解决这四个问题：[10]

（1）行业里有哪些服务是理所应当要被取消的？这个问题迫使公司反思所提供的每种属性是否都为重要顾客创造了价值。易捷航空的结论是，可以取消免费机餐和旅行代理机构。相反，它在飞机上售卖快餐，95%的座位都通过互联网销售，而剩下5%的座位则是通过其电话中心出售。

（2）哪些属性应该降到行业标准以下？这个问题帮助公司考虑行业里是否设计了过多的产品和服务。易捷航空的结论是，它可以降低乘客随意更换航班和座位选择的灵活性。所有易捷航空的机票都是不退的。当然，如果有其他航班，乘客可以通过支付该段航程票价的10%手续费外加两个航班之间的差价来更改航班。座位是先到先得。在办理登机手续时，乘客会得到一个集体登机号码牌，比如1~25或26~50，这样他们就会提前到达，以便找到一个好座位。然后，当宣布乘客登机时，他们可以在任意座位就坐，从而加快了登机的过程。但其他航空公司的飞机时常需要等待预订好座位的乘客，因为他们缺乏快速登机的动力。

（3）哪些服务应该提高到行业标准以上？这个问题帮助公司了解行业内顾客被迫做出了哪些妥协。例如，与其他行业相比，易捷航空努力追求更低的价格、更高的准点率，以及更年轻的乘务人员。

（4）应该创造哪些行业从未提供过的新服务？这个问题帮助公司思考在行业内存在哪些价值创造的新来源。在这个方面，易捷航空决定只提供单程票服务，如果延误4个小时以上就能够退还票款从而免票乘机。

从图 2-2 中的价值曲线可以看出，官方航空公司似乎在每一个方面都比易捷航空做得更好。[11] 但考虑到航空旅客的首要属性就是他们希望能安全到达目的地，易捷航空的低价在这方面引起了特别的关注。但安全是一种无形益处，易捷航空如何才能使安全有形化呢？首先，新型飞机是明确的答案。其次，乘客都希望能准时到达。如果飞机晚点四个小时以上，易捷航空就会提供退款，这对短程航线来说是相当罕见的。易捷航空又让准时成为一种可感知的益处。除了这两个益处，它还提供低廉票价。作为回报，它要求顾客放弃他们可能从别家航空公司那里获得的全方位服务。它已经将价值主张精简到最基本的状态，只在价值主张的绝对必要层面上击败竞争对手，为其重要客户提供服务。

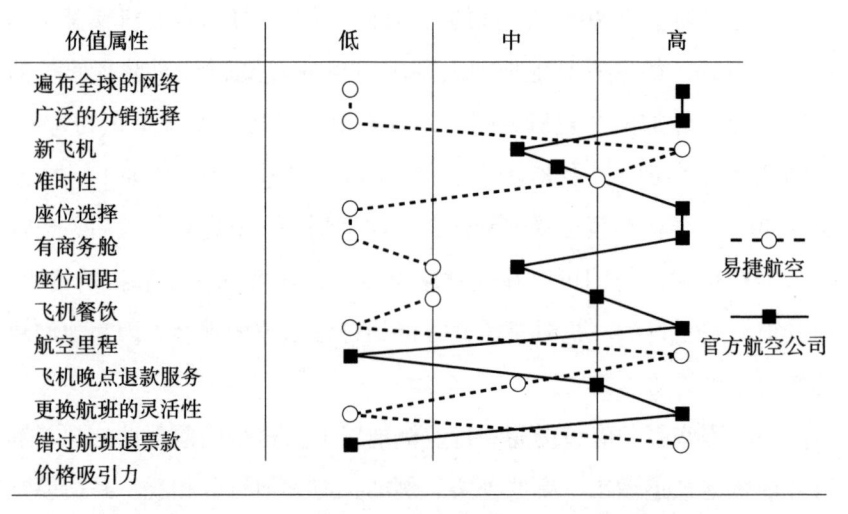

图 2-2　易捷航空与官方航空公司的价值曲线图

价值网络——如何传递？

3V 中的第三个"V"是价值网络，或者说是如何向重要顾客提供价值主张。易捷航空已经系统地重新定义了每个环境，以传递低价获利的价值主张。易捷航空不使用旅行代理机构，鼓励网络销售，不参与行业预订系统（如 Sabre），也不提供纸质机票，因此其分销费用比提供全方位服务的航空公司低了 20%～25%。尽管易捷航空的营销费用仅占预算的 10%，但它通过面对面的、吸引人的机会型广告，获得了大量的免费宣传机会和最大化的收益。此外，通过使用复杂的收益管理工具，易捷航空可以在动态匹配供需关系的基础上使每个航班的收入最大化。随着航班需求的增加，价格也随之上涨，反之则下调。

虽然营销和分销部分的变革很重要，但易捷航空价值网络的大部分节约是通过彻底精简的运营产生的（见图 2-3）。

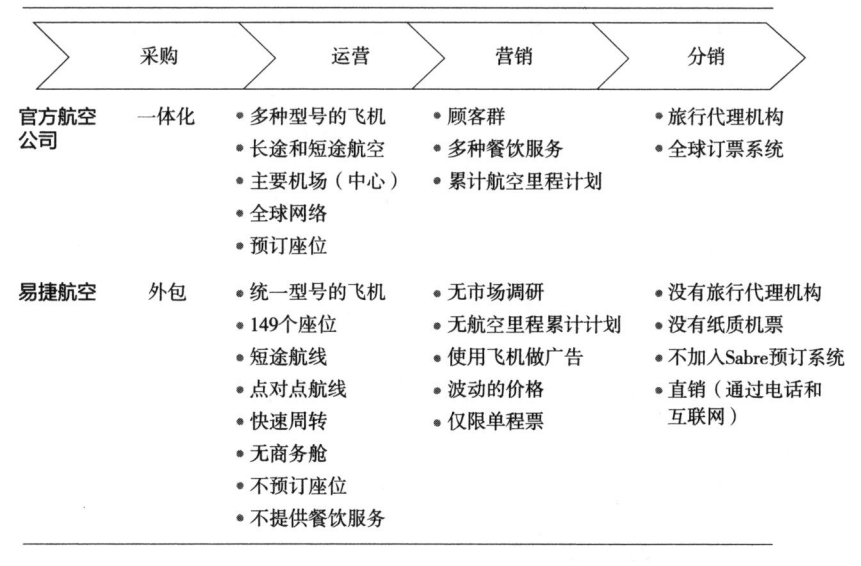

		采购	运营	营销	分销
官方航空公司	一体化	• 多种型号的飞机 • 长途和短途航空 • 主要机场（中心） • 全球网络 • 预订座位		• 顾客群 • 多种餐饮服务 • 累计航空里程计划	• 旅行代理机构 • 全球订票系统
易捷航空	外包	• 统一型号的飞机 • 149个座位 • 短途航线 • 点对点航线 • 快速周转 • 无商务舱 • 不预订座位 • 不提供餐饮服务		• 无市场调研 • 无航空里程累计计划 • 使用飞机做广告 • 波动的价格 • 仅限单程票	• 没有旅行代理机构 • 没有纸质机票 • 不加入Sabre预订系统 • 直销（通过电话和互联网）

图 2-3 易捷航空与官方航空公司的价值网络对比采购

易捷航空的运营通过快速周转（两个航班之间飞机在地面停留的时间）和提高飞机的使用率来实现低成本的优化。通过只使用一种型号的飞机（波音 737）减少了零部件库存，节约了飞行员和维修人员的培训成本。同时，它增加了互换飞机的灵活性，加强了与供应商的议价能力。由于每架飞机的配置都是相同的，收益管理系统也更容易操作了。由于取消了厨房和商务舱，每架波音737能容纳149个座位，而竞争对手的每架飞机仅有109个座位。易捷航空不提供预先选座，这也提高了航班的准点率，优化了周转时间。

重塑价值网络

在抽象层面上，易捷航空所建构的价值网络遵循了五项成本原则：

（1）尽可能减少固定成本。例如，公司没有秘书岗，即使是CEO雷·韦伯斯特（Ray Webster）也需要自己查收电子邮件！

（2）如果存在固定成本，那么这些固定成本的收益要比行业中的其他公司更高。例如，易捷航空公司的每架飞机每天的飞行时间是11个小时，而行业平均时间为6.5小时。

（3）只要有意义，就可以砍掉公认的可变成本，如旅行代理机构。

（4）将任何可变成本保持在最低水平，如机场费。

（5）分析与服务相关的可变成本是否可以转化为收益，就像易捷航空在飞机上出售快餐那样。

虽然这些原则在易捷航空更加适用，其他公司也不是不能采用这些原则。

利用3V推动增长和创新

通过比较易捷航空和官方航空公司的三个"V"，我们可以发现几个战略细分方面的有趣主张（见表2-1）。

表 2-1　易捷航空与官方航空公司在 3V 方面的对比

	官方航空公司	易捷航空
重要顾客"为谁服务？"	所有人，特别是商务舱乘客	自费且乘坐飞机次数不多的人
价值主张"提供什么？"	・灵活	・单程票
	・全方位服务	・无额外服务
	・高价	・低价
价值网络"如何传递？"		
采购	一体化	外包
运营	・多种型号的飞机	・单一型号的飞机
	・短途航线和长途航线	・短途航线
	・全球网络	・选择目的地
营销	・细分顾客	・对所有顾客一视同仁
	・多样的餐饮服务	・"集中"
	・航空里程累计	
分销	旅行代理机构（所有渠道）	互联网（只直销）

基于价值网络的深度差异化

各类公司的竞争优势大多在于独特的价值网络。英国航空公司可能会尝试提供易捷航空那样的低价机票，但它这样做永远不会有利润，因而它推出了 GO 品牌——一家提供低价机票的子公司——来与易捷航空和瑞安航空竞争。然而，当 GO 成为英国航空公司的一部分时，它就很可能不断寻求价值链上的协同性。由于这两家航空公司服务于不同的细分战略，需要不同的价值网络，任何利用协同性的尝试都会损害这两家子公司。所谓协同性是指价值网络中共享的部分，既没有体现 GO 的低价，也没有体现英国航空的全方位服务。因此，英国航空公司只好放弃 GO，让它成为一个独立的公司，直到最终被易捷航空收购。相反，如果一家公司同时服务于两个细分市场，那么大部分的价值网络可能会被共享。

公司需要调整自己的3V。我们不能在用易捷航空的价值主张来服务易捷航空顾客的同时又拥有传统的全面服务的价值网络。这样只会使利润率很低，甚至根本无法产生利润。另外，我们也不能用易捷的价值网络来提供传统航空公司全面服务的价值主张。这样的话，顾客对服务的期望将永远得不到满足。当开发3V时，公司应该问：（1）我们的营销观念与行业内的其他公司有多大差异？（2）我们的营销观念的各个要素相互促进的程度如何？[12]

与服务于新的细分市场的决策不同，进入一个新的战略细分市场需要一个新的价值网络。这对公司来说是一个需要董事会批准的重大决策。譬如，荷兰皇家航空公司将其低成本运营商Buzz作为一个独立的子公司来运营，甚至还寻找外部投资者来帮助Buzz进行扩张。尽管低成本航空旅行是欧洲航空业中增长最快且唯一盈利的细分市场，但由于荷兰皇家航空和Buzz之间没有任何协同性，Buzz最终还是被出售给了瑞安航空。

为独特的细分市场探索不同的价值网络方案

许多公司都在苦苦思索如何将价值网络进行细分以服务于不同的市场。参考一下达能（Danone）、雀巢和联合利华这样的大型食品公司，它们通过零售商来销售一些品牌产品，如达能酸奶、雀巢咖啡和梦龙冰淇淋。零售商的力量不断增强，消费者有购买能力但时间紧，这使英国的品牌产品销售量占食品总销售量的比重从1982年的52%下降到1990年的33%。[13]一方面，强大的零售商不断推广其自营品牌，已将其份额从33%增加到了46%；另一方面，时间紧迫的消费者由于可支配收入增加，外出就餐的比例从15%增加到21%。

针对这些消费模式，跨国食品公司已经开始为大型零售商生产自营产品，并通过开发专门针对酒店、餐馆、自助餐厅的产品和包装进入餐饮服务行业。当食品公司试图为购买零售商自营品牌或外出就餐的消费群体服务时，价值网络细分的问题不断被提出。

在这些公司中，负责管理食品服务的经理们常常抱怨他们的业务有完全不同的研发需求，并且是公司的高增长部门，却没有得到足够的重视。他们认为，食品服务业是一个需要独特价值网络的战略部门。而同一公司的其他经理却认为，食品服务业是一个可以与品牌产品业一起进行有效管理的细分市场。他们的观点是，二者都应该有专门的销售队伍和独特的包装，但研发和生产应该二者共享。正如这个例子所示，战略细分和市场细分之间是一个连续统一体。图 2-4 展示了市场细分与战略细分之间不同的价值网络方案。

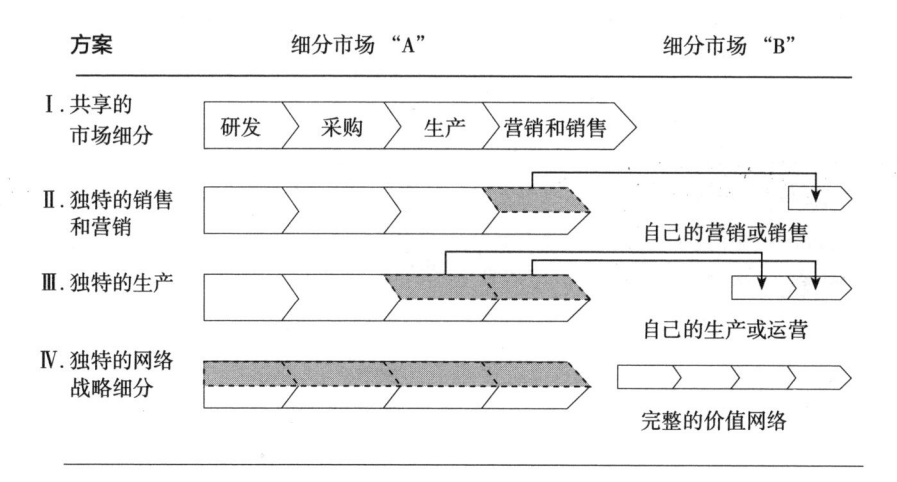

图 2-4 市场细分与战略细分的价值网络方案

为市场细分服务的财务意义

与上述情况类似，自营产品和品牌业务是否构成两个战略细分市场的问题引起了更加激烈的争论。并且,这个问题更复杂,因为品牌产品和自营产品通常都是卖给同一个零售商。因此,激励共享物流、销售队伍和营销至关重要。但需要注意的是,营利性质的自营产品的价值网络与品牌产品的价值网络明显不同。

表2-2提供了一个来自消费品包装行业的案例,将最成功的自营产品与领先的制造商品牌的价值网络进行了对比。两家公司的目标都很明确。也就是说,品牌制造商不参与为零售商制造自营产品,而自营产品制造商不销售任何打上专有品牌名称的产品。平均来看,自营产品卖给终端消费者的价格比品牌商品要低35%(因此自营产品与品牌产品的消费者价格指数比是65:100)。

表2-2 自营产品与制造商品牌的价值网络

	研发	采购	制造	营销、物流、销售	制造商的营业利润(美元)	经销商的毛利(美元)	平均价格(美元)
自营产品的价值网络	模仿者 逆向工程	更廉价的原材料 竞买	更少的单品 更长的生产周期	大顾客经理 复制包装			
	0	12	9.5	6	4.5	32.5	65
制造商品牌的价值网络	新产品 新功能	合作开发专有材料 合作开发专有材料	多种单品 快速反应	广泛的品牌投资 庞大的销售队伍			
	2	15	14	20	9	40	100

与制造商品牌产品相比,零售商自营产品的平均利润就百分比而言更大(50%比40%),但从绝对金额上看较小(32.5美元比40美元)。

自营产品（4.5/32.5）和制造商品牌（9/40）的利润率都是销售额的15%左右，但二者通过完全不同的方式优化价值网络来实现这一目标。

自营产品几乎没有研发，它们完全依赖模仿，利用更低价的原材料和更方便的采购方式。由于它向几个超大型的零售商供货，单品（SKU）的数量相对较少，而且其客户相当透明的采购模式使得生产周期更长。这有助于运行高效的供应链，从而显著降低成本。此外，所有的零售商都是由一个大客户经理（KAM）来提供服务。由于它们采用了模仿式包装，需要投入在开发包装上的资源非常少。

品牌产品的制造商在研发上进行投资，以便为消费者创造新产品和新功能，有时需要与供应商合作开发专有材料。它们拥有昂贵的制造系统，目的是生产多种多样的单品以满足不同零售商和目标群体的需求。差异化也通过快速反应能力植入系统中。但是，它们最大的额外成本是通过昂贵的广告、促销活动，以及一支庞大且受过良好教育的销售队伍来建立品牌。

与这两个价值网络相反，第三家公司的销售额同时来自为大型零售商生产的自营产品和它自己的品牌产品。它自己的品牌产品中有不少是来自各个国家的知名品牌。不幸的是，由于其价值网络是一体化的，该公司实际上刚好不赚不赔，尽管它是该行业内最大的公司之一。

分享价值网络损害了品牌产品的声誉，因为零售商非常善于将品牌产品的益处（质量、创新、包装）转移到它们的自营产品中，同时支付自营产品的价格。然而，连续加工行业（如卫生纸或铝箔）在采购和生产层面的价值网络分离会严重损害生产效率。

鉴于这两个价值网络的独特性，有人提出该公司应该在以下三个方案中进行选择：

（1）专注打造制造商品牌，或专注打造自营产品。

（2）主要做制造商品牌，只在非常严格的标准下接受自营产品：满足销售回报率，只使用过剩的厂房生产能力，不"借用"公司品牌产品的包装或最近推出的一些创新性特性。

（3）将自营产品业务与制造商品牌业务完全分开，让其各自优化自己的价值网络。

经过一番争论，该公司选择了最后一种方案并且相当成功。

面对嘉信理财、戴尔、易捷航空和沃尔玛等灵活的新竞争对手，企业必须反复分析其财务意义，也要正视价值网络的细分问题。通常情况下，一些企业变革失败是因为其思维模式固守于旧的价值网络。英国航空、大陆航空、达美航空、荷兰皇家航空和汉莎航空都选择剥离它们的低成本航空公司，尽管后者参与的细分市场发展更快、利润更高且市值较高。

用3V推动营销创新

营销创新可以通过下面三个问题并用3V模型阐明营销创新的概念。

（1）是否存在这些顾客——对行业提供的所有服务都不满意，或根本没有得到过服务？通过思考这个问题，可以找到难得的机会进行开发和利用。以非洲那些HIV阳性的患者为例。以研发复杂、保险报销驱动型的高定价、高额营销成本，以及高利润为特征的大型跨国制药公司的价值网络永远无法为他们提供解决方案。相反，这些患者正期待着一个有远见的公司为他们开发一个能够提供有效治疗的"easyJet"价值网络。或者参考一下进步保险公司（Progressive Insurance）是如何在专门为其他公司不愿意承保的高风险人群提供服务方面取得成功的。

（2）我们能否提供一种相对于业内其他公司来说具有高利益或更低价格的价值主张？维珍公司（Virgin）通过提供按摩和美甲来使其乘客放松就是一个高利益驱动战略的典型案例。或者参考一下飒拉的策略——模仿流行时装，并以比设计师更快的速度、更便宜的价格提供给顾客。价值曲线是用来明确一个公司的价值主张的巧妙方式。价值曲线图是很难伪造的，它迫使人们去思考公司的价值主张在哪些方面真正实现了差异化。

（3）我们能否以更低的成本从根本上重新定义行业的价值网络？个人电脑行业中的戴尔公司、酒店行业中的Formula 1，以及家居零售行业的宜家（IKEA）都是实现了这一目标的典型案例。

前面提出的四个价值主张以及上面的三个问题，都有助于发掘行业内的营销创新机会。使用3V来产生创新阐明了创新不是技术研发和产品开发人员的专属领域。相反，营销人员和战略专家可以通过发掘未得到充分服务或服务满意度低的细分市场，进而提供新的价值曲线以及重塑行业的价值网络来促进创新。

利用与3V相关的成长机会

结合上一节中提到的营销创新的三个问题以及对公司的3V的深入了解，就可以画出公司的战略成长图。[14] 了解顾客在哪些方面没有得到服务有助于确定应该进入哪些市场和行业经营或"为谁服务"。有了制胜模式和经济逻辑就能够创造出截然不同的价值主张，并有助于确定"提供什么"。最后，价值网络——"如何提供"——阐述了时机（何时进入哪些市场）和方式（如何实施），这有助于实现公司的成长（见图2-5）。

调整3V

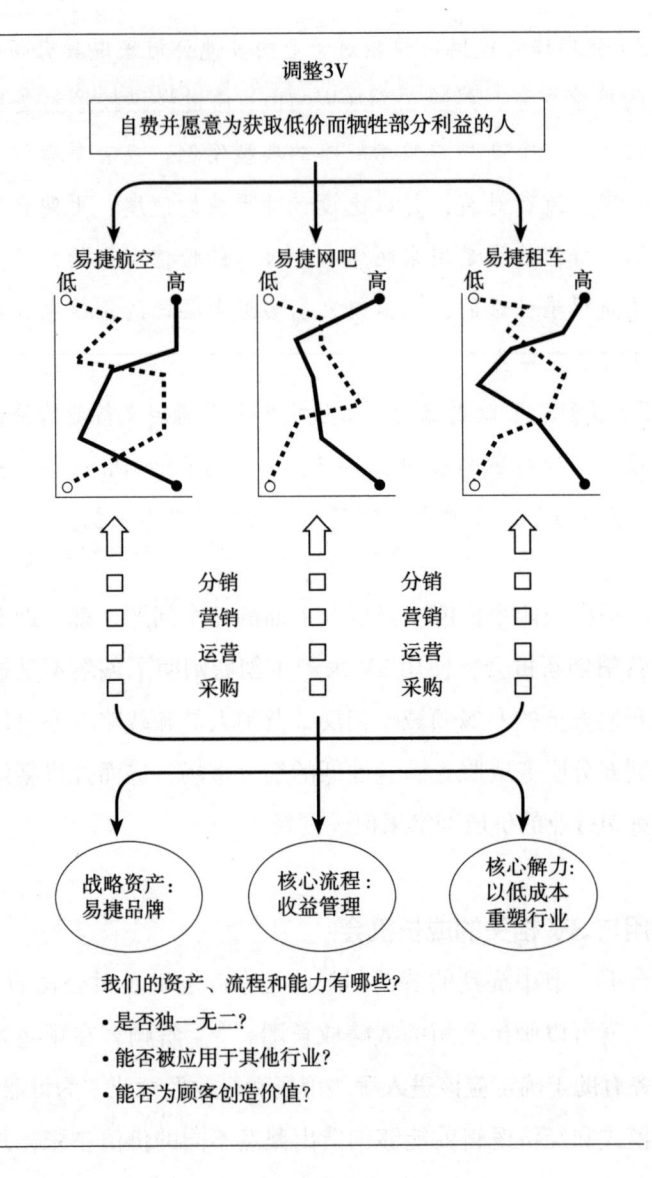

自费并愿意为获取低价而牺牲部分利益的人

易捷航空　　　易捷网吧　　　易捷租车
低　　高　　　低　　高　　　低　　高

分销　　　　分销　　　　分销
营销　　　　营销　　　　营销
运营　　　　运营　　　　运营
采购　　　　采购　　　　采购

战略资产：　　核心流程：　　核心解力：
易捷品牌　　　收益管理　　　以低成本重塑行业

我们的资产、流程和能力有哪些？
- 是否独一无二？
- 能否被应用于其他行业？
- 能否为顾客创造价值？

图 2-5　易捷集团的多元化经营

营销创新问题	战略/成长问题	易捷航空的反应
重要顾客 是否有客户对当前的行业产品不满意或未得到服务?	**市场** 哪些细分市场和地理区域? **行业** 哪些产品服务类别?	把目标锁定在欧洲的短途航线上 航班、网吧、汽车租赁
价值主张 我们能否提出明显差异化的价值主张?	**制胜模式** 我们将如何获胜——靠形象、价格还是定制化? **经济逻辑** 我们将如何赚钱?	在行业内以最低价格塑造出维护消费者利益的形象 在高固定成本的企业中通过动态定价实现资产的高利用率
价值网络 我们能否提出一种相对于业内具有更高收益或更低价格的价值网络?	**时机** 我们行动的速度和顺序? **手段** 如何实现目标——建立合资企业,依靠内部成长,还是组建联盟?	快速进入高业务量的"赢者通吃"市场。在一个城市占据主导地位后再移植到新的城市 以内部成长为中心——小规模的机会型收购

图 2-5 易捷集团的多元化经营(续)

| 营销人员的 3V 清单 |

重要顾客

- 谁是我们的重要顾客?
- 是否有顾客对行业当前的所有服务都不满意?
- 是否有顾客有需求,但目前没有得到服务的行业?
- 我们是否在争取那些没有意识到需要我们产品的顾客? 如果是这样,我们将如何创造这种需求?
- 谁是用户? 谁是购买者? 谁是影响者? 谁是付款者? 每类人的偏好标准是什么? 这些标准在购买决策中的作用是什么?
- 目标市场是否大到足以实现我们的销售目标?
- 目标市场的增长速度如何?

价值主张

- 我们的价值主张要解决的核心需求是什么?
- 价值主张是否符合我们尊贵顾客的需求?
- 我们给顾客提供了哪些实际利益?
- 我们的价值主张是否有别于竞争对手,或者我们是否定位在同一个拥挤的市场空间?
- 内在的产品和服务特性是否增强了我们的价值主张?
- 我们是否定位在了能够抵御竞争对手攻击的属性上?
- 我们定位的益处是否多得让人难以置信?

价值网络

- 我们用价值主张为重要顾客提供服务时是否获利?
- 我们是否拥有传递价值主张所必需的能力? 如果没有,我们能否通过收购或与之合作获得这些能力？
- 为重要顾客提供服务是否会对我们现有的顾客或业务产生负面影响？如果是这样，我们要如何控制这些负面影响？
- 在我们的价值网络中，哪些高成本或低附加值的活动可以被消除、减少或外包？
- 我们价值网络中的规模优势在哪里？我们能否在保持规模的同时不失去灵活性？
- 我们的价值网络与其他行业有什么不同？
- 我们的盈亏平衡点是多少？我们能否通过稍微改变价值网络来降低它？

自创办易捷航空以来，Stelios 已经对至少两项新业务进行了创新和多元化。易捷网吧是世界上第一个大型连锁网吧。[15] 这些网吧全天 24 小时开放，遍布欧洲各地（纽约也有一家）。消费者可以通过高速网络在平面屏幕上"冲浪"，每小时大约 1 英镑。易捷租车（easyCar）是一家只接受互联网预订的汽车租赁公司，它专门出租奔驰 A 级轿车（最初是这样），价格低至每天 9 英镑。

当然，Stelios 将易捷公司的许多想法融入了他的两项新业务中。他不断地提问：我们的核心竞争力（我们所知道的）是什么？我们的战略资产（我们所拥有的）有哪些？以及核心流程（我们所做的）是什么？[16] 易捷集团的核心竞争力是以相当低的价格重新定义行业的价值链，它的战略资产是作为消费者首选的"易捷"（easy）品牌，它的核心流程是基于产量管理的定价系统。[17] 所有这些都是公司独有的，为消费者创造了价值，并可以转移到其他业务中去。它们是利用成长和多元化机会的平台。

第 2 章 | 从市场细分到战略细分 · 047

我以易捷集团为例阐释了战略细分与市场细分的理念，以及如何使用3V模型来促进公司的创新和成长。这并不是说easyGroup没有挑战。易捷网吧仍在努力寻找一种盈利的商业模式。易捷航空正在消化吸收收购的GO公司的过程中。此外，易捷航空和易捷租车都已经摆脱了单一类型的飞机和汽车的经营模式。只有一个供应商使得公司在增加运营能力时很被动。因此，Stelios想以较高的运营费换取较低的飞机或车辆购置费。这一决策会产生什么样的影响在一段时间内还不为人所知。

◆ 本章小结

CEO经常指责营销人员没有清楚地传达公司的价值主张以及不懂得如何与其他公司的价值主张区别开来。价值曲线工具和3V可以帮助营销人员持续性地提出有关市场细分、目标市场选择、市场定位，以及传递价值主张的商业模式的困难问题（参见"营销人员的3V清单"）。

理解战略细分，然后使用3V模型定义对其做出针对性的反应，有助于阐明公司面临的许多关键问题。当公司进入并经营相关的细分市场业务时，它们面对的是战略细分还是市场细分？它们应该在价值网络中将这两类业务分开多远？仅仅分离营销就够了，还是应该将营销和分销都分离开来？或是需要为新的细分市场建立一个完全不同的价值网络？如何利用营销来促进行业的创新和成长？这些有关市场细分所面临的挑战目前都在CEO的议程上。这些问题的解决具有跨战略、跨职能、提升利润的重要意义。从3V的视角来看，一个公司可以找到新的战略细分市场，建构深度差异化，并在行业转型时推动创新和成长，同时影响整个行业。

| 第 3 章 |
从销售产品到提供解决方案

顾客要买的不是钻头,而是钻孔。

在许多行业中,特别是在公司对公司(简称"B2B")的市场上,"产品"供应商正在艰难地抵御着廉价商品化。竞争对手迅速复制新特性的做法显然破坏了产品间的差异化。精明的客户们拒绝为任何溢价买单——至少是不会为建构和维护品牌所需的额外营销成本引起的溢价买单。

面临着廉价商品化的公司几乎没有好的应对战略。它们可以选择成为其行业内廉价的供应商,但这就需要无休止地去削减成本,一般是把生产转移到海外的低成本地区,用低利润、公开成本结构等方式换取高销量。这种方法依赖于销售而不是任何真正意义上的营销。在商品交易的过程中,采购商往往倾向于去促进客户间的互动,而且客户也拥有这个权力。这使卖家在定价上几乎没有灵活性。为了应对这些压力,许多公司希望转变为解决方案的提供者,即把产品与服务捆绑起来进行销售。如今提供解决方案的商业需求是非常明确的。与产品相比,解决方案中包含大量的服务要素,因此二者没有可比性。随着时间的推移，销售商逐渐掌握了客户的业务流程信息，此时客户更换供应商的难度大且成本高，因此在一定程度上提高了客户的忠诚度。此外，由于销售解决方案通常需要将产品和服务进行大幅度整合，一般都能带来更高的收入。

毫不奇怪，诸如化工、金融服务、医疗保健、信息技术、物流、农药、电信、旅游等多元化行业的成长和产生利润的"秘诀"就是：成为客户的问题解决者，而不仅是产品生产者。甚至连太阳微系统公司的 CEO 斯科特·麦克尼利（Scott McNealy）都曾说过，当公司无法销售产品时，他们就会销售服务。现在他也声称："太阳微系统公司将其互联网专业知识、创新而可靠的端到端解决方案，以及专业咨询服务相结合，使之成为提供 IP 业务的理想合作伙伴！"[1]

将一个公司转变为解决方案的供应商是非常困难的。很少有管理者真正认识到这种挑战的难度，更不用说理解"解决方案供应商"真正意味着什么。不过，目前已有一些公司做得很不错。例如，众所周知的 IBM 公司已经成功地完成了从大型主机巨头到个人电脑制造商，再到（端到端）IT 解决方案提供商的转变。

通过销售解决方案实现 IBM 转型

在领先市场多年之后，IBM "步履蹒跚"地进入了 20 世纪 90 年代。[2]随着竞争对手在可感知的质量方面逐渐缩小差距，IBM 公司无法继续维持高价。1991 年至 1993 年，IBM 公司亏损了 160 亿美元；仅在 1993 年就损失了 81 亿美元，当年的销售额仅有 627 亿美元。随着股价暴跌，亏损增加，华尔街迫使 IBM 公司削减了不重要的事业部门。

1993 年 4 月 1 日，卢·郭士纳（Lou Gerstner）成为 IBM 的董事长兼 CEO。在此之前，他先后在美国 RJR 纳贝斯克公司（RJR Nabisco）

和美国运通（American Express）任职，这两家公司都是典型的营销机构。IBM公司内外的观察人士都怀疑，郭士纳作为第一位外来者能否成功，尤其是在没有技术工作背景的情况下。一些电脑主题的出版物甚至对读者进行了调查："你认为卢·郭士纳是带领IBM走出低谷的合适人选吗？"[3]

郭士纳很快就发现了公司里存在着一些发展的不利因素，当IBM还是市场技术领导者时，这些问题并没有被注意到。在研发方面，IBM公司努力追求新的、不被人重视的外部技术。作为典型的销售驱动型组织，不论研发部门开发出任何东西，销售员都要把它们推销出去。多年来，IBM公司的确积累了许多优势，如员工忠诚度和以销售驱动的企业文化。而现在，这些都变成了它的劣势。该公司的文化已经变得狭隘，习惯性地用"IBM方式"做任何事情而扼杀了创新。更糟糕的是，IBM的所有人都知道计算机是如何工作的，却不知道能为客户做什么。在美国运通公司任职时，郭士纳负责购买IBM的设备，因此他很清楚这种差异。

郭士纳把客户关系放在首位，他经常亲自出差去倾听客户的意见，而不是通过下级将意见层层传递上来。他还要求所有员工都这么做。IBM公司的办公大楼象征着该公司的狭隘、官僚主义，以及缺乏成本控制。郭士纳认为，分别由贝聿铭（I. M. Pei）和密斯·凡·德·罗（Mies van der Rohe）设计的位于纽约和芝加哥的两座IBM摩天大楼更适合律师或投资银行家，而不是像IBM这样的公司。他卖掉了这两栋大楼，并为每位员工发了笔记本电脑，这样员工就可以在家或在户外工作了。

郭士纳了解到客户目前缺乏整合硬件和软件的专业知识和资源。客户希望得到问题的解决方案，却因缺少专业IT知识和日新月异的技术升级而感到困惑。

为解决此问题，郭士纳取消了拆分和出售IBM不同业务的计划。

他认为，IBM 的价值在于向客户提供一体化的产品和服务。IBM 的产品遍布网络界的各个角落——承载大量数据库的大型主机系统、高性能服务器以及应用软件。郭士纳将 IBM 公司的发展重点从销售硬件产品转向将硬件、软件和服务捆绑成一个完整的技术解决方案。这种方案没有公司能做到，IBM 团队却可以。

1996 年，为了证明"服务"是 IBM 公司目前的战略重点，郭士纳成立了 IBM 全球服务中心（IGS），通过连接和改善不同业务之间的信息流来为客户提供解决方案。到 2002 年，IGS 已经成为市值 364 亿美元的业务，是 IBM 该年 813 亿美元收入和 36 亿美元利润的主要贡献者。

为了传达他的新主张，郭士纳在演讲中总是强调要服务于客户并明确客户需求。这让许多长期任职于 IBM 的老员工难以接受，因为他们听惯了像"伟大的 IBM 技术"这类的主张。对此现象，郭士纳回应道："现在的技术革新太快了，任何一家公司都无法在新技术上持续建立竞争优势……（现在更重要的是你如何）帮助客户去使用技术。"

变革 3V 以销售解决方案

IBM 公司的成功促使其他公司［包括思科、康柏、太阳微系统和优利系统（Unisys）］都开始从销售产品转到销售解决方案。甚至连微软这种终极产品公司也在对银行业的一次演讲中声称："我们的目标不是销售软件产品，而是销售解决方案，帮助金融业更好地为客户服务。"[4]

尽管取得了一些成功，但这些效仿者都没有像 IBM 公司那样顺利转型。为什么这种转型如此具有挑战性？表 3-1 通过第二章阐述的 3V 模型展示了成为解决方案供应商需要对营销概念中的每个元素进行相当大的改进。

表 3-1　从提供产品到提供解决方案的 3V 变革

	聚焦产品	聚焦解决方案
重要客户	几乎所有客户	以细分的客户群为中心
价值主张	通过服务，提供"更好"的产品	提供降低客户成本和风险或增加收入的端对端方案
研发	• 关注新技术 • 独立的产品 • 专有产品	• 关注客户的问题 • 模块化的产品 • 开放的、基于标准的产品
运营	• 自己制造产品 • 有限且复杂的供应链	• 与最佳供应商合作并认为产品不可知 • 有许多相互依赖的合作伙伴，且需要高度协调
服务	• 以成本为中心，免费捆绑在产品中	• 以利润为中心，不捆绑在产品中
营销	• 围绕成本的产品定价 • 产品销售 • 销售人员充当订货员 • 地域覆盖 • 基于数量的佣金	• 基于价值的定价 • 多年的服务合同 • 作为顾问的销售人员 • 行业专家 • 基于服务的佣金
分销	• 经由多渠道销售产品	• 成为增值型专卖商（VAR）

瞄准愿意为解决方案付费的客户

3Com 网络公司在其 2000 年的年度报告中指出："有产品，也有解决方案。一种产品执行一种功能，而一种解决方案满足人类的一种需求。显然，人们更喜欢解决方案而不是产品——但并不是每个人都愿意为解决方案付费。"[5] 客户需要和客户需求之间的重要区别在于，需求是客户能够并且愿意为之付费的。由于提供解决方案需要定制化，因而成本高。致力于销售解决方案的公司必须仔细瞄准那些愿意为解决方案付费的客户。

瞄准客户要彻底了解解决方案的价值主张。一个解决方案既不是简单地将相关的组件捆绑在一起，也不是交叉销售自己产品和服务的噱头。真正的解决方案是根据客户的需求来定义和设计的，其目的并不是销售更多产品。[6] 因此，供应商在界定解决方案中的客户需求时，要与客户高度地协作。这样一来，产品和服务要素就被整合为一个独特的方案了。

给定一套产品和能力，解决方案所服务的客户和问题便被严格地限定。譬如 IBM 公司的全球服务集中在三个领域：（1）前端系统，通过自动化重新设计客户沟通过程；（2）管道系统，它用于整合系统，因为客户通常需要来自不同供应商的产品；（3）外包，在这种方式下，IBM 负责运营整个系统。由于需要深入了解客户的业务运营及系统——要达到此目的可能是昂贵和耗时的，因此这些服务主要针对大客户。

将活动外包通常是一项一般的管理决策，有时可能是重要的管理决策。因此，购买解决方案与否通常是由总经理而不是采购人员拍板的，通常会遭到来自传统"产品"买家的抵制，IT 专业人士担心他们的工作将被外包给 IBM。

举个例子，在 2002 年，美国运通公司签署了一份为期 7 年、价值 40 亿美元的合同，将 2000 名 IT 专业人员和电脑转给 IBM 公司。[7] 与标准的外包合同不同，美国运通同意每月只向 IBM 支付技术费用。在此情况下，美国运通期望在合同期内节省数亿美元；IBM 运行该系统后，它的技术升级速度有望加快 5 倍。

客户很少有购买解决方案的预算。因此，卖方必须说服客户的高层管理人员——他们的公司需要一个特定的解决方案，并应该将此纳入预算。如图 3-1 所示，最有可能购买解决方案的客户正在考虑外包或正在分析其可能性。相比之下，那些已经将业务外包出去的客户通常会忠于一个方案供应商，因而更能成为客户。解决方案销售也需要一个不同于通常的"接单员"的销售人员。方案销售人员必须更像一个"顾问",能够与总经理沟通,并且能够说服对方购买整个解决方案,而非单个产品或服务。

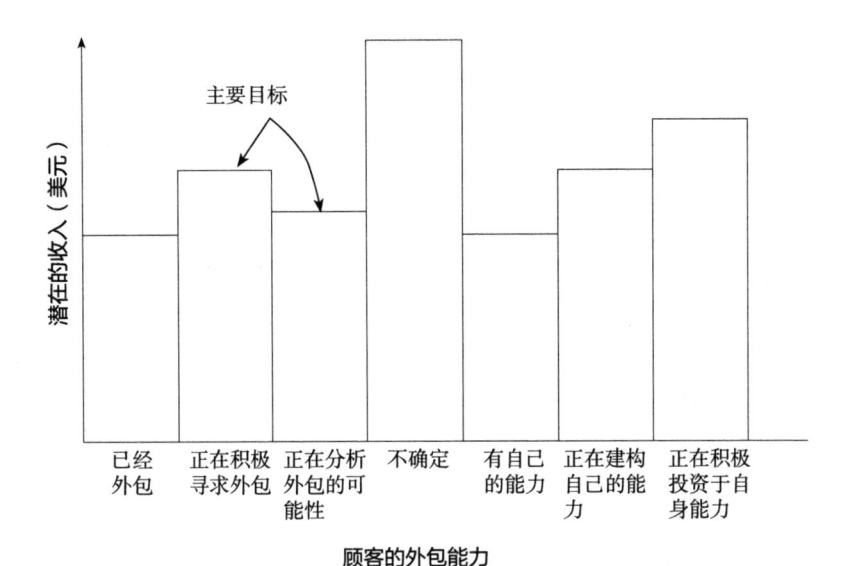

图 3-1 解决方案的前景

通过三种类型的解决方案创造客户价值

一个解决方案的"正确"客户将从更快的部署、无缝操作、对核心活动的关注、更少的前期成本、更低的支持成本和更少的内部资源使用中获得价值。解决方案供应商通过以下方式创造客户价值:(1)帮助客户增加收入;(2)承担客户部分业务的风险和责任;(3)降低客户购买产品或服务的总成本。虽然一些强大的解决方案往往包含以上三个方面,但大多数解决方案都将其中一个方面作为主要目标。

1. 通过解决方案提高客户的收入

在荷兰的猪、家禽、绵羊、牛和奶牛等动物饲料市场上,Hendrix

Voeders BV（泰高集团的一家运营公司）占有 8% 的市场份额。[8] 当大多数公司在价格上竞争时，该公司却转向服务竞争，将饲料价格提高了 10%~15%。其 150 人的咨询团队（与销售队伍分开）提供的服务要么帮助动物增加 5%~10% 的体重，要么有助于增加 4%~5% 的活产率。

要实现这种生产力，需要一个非常复杂的数据管理系统，让农民和顾问能够监测动物的成长状况。每只动物都有单独编号，用于跟踪其每天的饲料消耗和体重增长情况，进而对营养物质、药物和物理环境进行精确的微调。例如，根据母猪监测系统的报告，公司能够帮助正常每年生产 18 头到 24 头小猪的母猪多生一两头小猪。虽然其饲料价格提高了 10%，但跟产出相比，这点钱就变得微不足道。

多年来，这家公司已经开发了 1500 种饲料产品，以满足动物在生命各个阶段的营养需求，已经从一个散装饲料的供应商转变为向养殖者提供系统服务的供应商。例如，在动物的早期生长阶段，该公司几乎可以提供所有的基本供给品，包括饲料、牛奶替代品、维生素和矿物质，等等。等动物成年后，它则继续安排动物的屠宰、销售以及肉产品的加工。该公司的口号是："让农场主干得好，才是 Hendrix 办得好。"

2. 通过解决方案降低客户风险

采石场长期以来使用的方法是用形如香肠的炸药进行爆破。在爆破前，工人们需要花几天时间在岩壁上钻孔。[9] 爆破当天，大约要花 5 个小时将包装好的炸药装入这些孔中，并且要在规定时间内快速完成。在爆破后，还要将碎岩石搬运到离工地很远的地方，用大型挖土机和卡车将之放入粉碎机，将岩石磨成更小、更均匀的颗粒，再根据等级储存岩石以备将来出售给客户。

钻探和爆破费用占采石场总运营成本的很大部分。由于炸药的储存和使用都有严格的控制，采石场通常每次只订购一次爆破所需的炸药，并在爆炸当天交付。这个劳动密集的流程使业内只有少数几家产能过剩的采石场。

然而，一个精心设计的爆破不仅可以把岩石炸成均匀的颗粒，省去粉碎前二次切割再碾磨的程序，而且爆炸的范围不会超过 30 米，减少危险程度和浪费情况，并且在爆破后也非常容易地能将碎石铲走。

1985 年，澳大利亚的 ICI 炸药公司开始从卡车后部散装供应乳化炸药，不再使用香肠形状的包装。客户下单后，装有即用化学品的移动制造装置（MMU）被送达采石场，在现场混合多种成分的化学试剂，并将合成的散装乳化炸药倒入事先打好的爆破孔中。

ICI 还通过应用激光映射岩面和爆破几何学原理，将爆破从一门经验艺术转化成了一门精确科学。浓度更佳的乳化炸药和详细的岩石映射面分析减少了钻探时间，从而降低了总体钻探成本。通过改进爆破性能，ICI 提高了岩石产量，降低了下游加工的成本。

随后，ICI 开始向采石场提供"碎石"服务合同，根据其爆破的碎石量（由地磅测量）而不是炸药量来收取费用。采石场和 ICI 炸药公司得到以下益处：

- 让炸药成为整体服务的一部分，而不仅是商品；
- 使 ICI 能够不受限制地向采石场提供炸药，因为合成材料在混合之前是不会爆炸的；
- 既能够使采石场的爆破洞完全装满，又不会出现炸药过剩的情况。

3. 通过解决方案降低客户的成本

固安捷公司是美国最大的维护、修理和运营（MRO）分销商，拥有50多万种MRO产品,销售额高达50亿美元。固安捷公司于1995年建立了固安捷一体化供应业务(GISO)中心,以回应客户(主要是制造公司)对材料管理专业知识和咨询的要求。[10] 固安捷公司的员工在现场工作,为客户管理与间接材料相关的各种业务,如业务流程再造(BPR)、库存管理、供应链管理、工具库管理(TCM)和信息管理,等等。

起初,GISO只为每年订购量超过100万美元的客户服务。对这些客户来说,固安捷公司管理间接材料的采购过程节省了一大笔费用。而对固安捷公司来说,可以更容易地通过这些大客户,如联信(AlliedSignal)、美国航空公司(American Airlines)、通用汽车和环球影业(Universal Studios),赚取足够的投资回报。随着时间的推移,它已经逐渐降低了服务的门槛。

作为一个解决方案的提供商,固安捷公司建立了外联网、内联网和专有网的技术平台,为GISO员工提供了1.2万个供应商和超过500万种产品资源。他们用这些网络与供应商进行沟通,进而评估价格、产品可用性和技术数据。这样一来,他们就能够减少冗余,提高供应链的效率,进而降低成本。据报道,那些将整个MRO流程外包给GISO的公司,成本降低了20%,库存减少了60%,流程周期阶段提升了50%~80%。此外,这意味着那些正常情况下需要管理这些MRO流程的客户现在可以专注于核心业务。GISO已经证明,它提高了员工的生产力,也减少了客户的缺陷。

以降低客户成本为基础的解决方案销售战略从整体上考虑客户成本,而不是简单地关注产品成本。固安捷不依靠降低产品价格来进行竞争,而是专注于降低客户消费MRO产品时的总成本(如产品、搬运、库存、损耗和劳动力)。

类似地,IBM公司承诺让那些签订多年合同并将大部分IT业务外包给 IBM 的客户大幅降低成本。例如，在 2002 年 3 月，IBM 成功签订了一份价值 5 亿美元的合同——为雀巢公司的 Globe 项目提供 IT 骨干网。[11] 雀巢公司是世界上最大的食品公司，它计划将全球 100 多个 IT 中心集中整合为 5 个。此计划是雀巢公司在 5 年内削减 18 亿美元成本计划的一部分。IBM 将为这 5 个 Globe 数据中心提供服务器、存储系统和数据库软件，其中两个位于瑞士的比西尼（Bussigny），3 个位于悉尼、法兰克福和菲尼克斯（Phoenix）。

与 IBM 签订合同是雀巢公司建立通用 IT 平台计划的一部分，该平台在不打乱雀巢公司分层管理结构的情况下整合和标准化其全球业务流程。多年来，雀巢公司已经在它的许多业务所在国复制了 IT 和营销支持功能，其 Globe 项目的主要目的是统一协调全球范围内的供应商、客户和产品数据。

由 CEO 彼得·布拉贝克（Peter Brabeck）发起的 Globe 项目可以使雀巢公司的 EBITDA（扣除利息、税、贬值和摊销前的收益）提高 25% 以上，到 2006 年达到 15.2%，在 2003 年至 2006 年期间的每股收益递增 15.1%。

为服务设计产品

为了支持新的价值主张，高层管理人员必须重新评估价值网络中的所有要素。作为产品驱动型组织，IBM 公司专注于销售产品，而服务只是一种与销售密切相关的战术武器。作为一个方案驱动型公司，服务是客户购买的"产品"，产品却只在需要时捆绑进服务中。

IBM 若想成为一个真正的解决方案提供商，它在开发优质单品方面所拥有的傲人业绩对其未来的成功已不再重要。相反，销售方案的公司必须集中精力整合不同的产品来帮助客户解决问题。因此，方案销售商专注于将产品模块化，开发"即插即用"（plug-and-play）的产品。这些产品可以轻松地与自己的产品互补，甚至与竞争对手的产品相结合。

为了实现系统无缝运行的承诺，公司在设计产品时必须考虑到服务的便捷性。[12] 因为解决方案提供商经常在现场监督系统的运行，如果产品的维修费太高，那么合同可能会变得无钱可赚。这与产品驱动型公司形成了鲜明的对比。在产品驱动型公司，维修和更换零部件可以带来可观的利润。

以正确态度看待产品的"不可知"

IBM 和其他公司经常把以前互不兼容的产品和服务结合起来，从而创造出它们称之为方案的无缝运行系统。然后，寻找那些有可能需要这种专有解决方案的客户进行营销。与这种系统销售相比，真正的解决方案是销售要与客户进行合作，发现对方的问题，然后设计出一个定制的解决方案（见图3-2）。这种售前和售后的工作量是相当大的，而且需要与客户保持密切的联系。

没有哪家公司能在解决方案所需的所有产品中都保持技术优势。同时，客户可能一开始就有基于先前系统的品牌偏好。对以自己的产品为自豪的公司来说，最难的变革是产品变得不可知。对解决方案中使用的产品，客户可以指定任何品牌，甚至是竞争对手的。

一个公司如果只推荐自己的产品，哪怕它们并不适合某个特定领域或客户也仍然推荐，那么这个公司就只是在销售产品而不是解决方案。例如，伦敦一家以家居用品为特色的连锁百货公司决定帮助消费者解决他们的家庭装饰问题。因此，该公司部署了个人购物助理来帮助消费者。遗憾的是，这家店的个人购物助理只能推荐店内的家居用品，这大大降低了助理的作用。

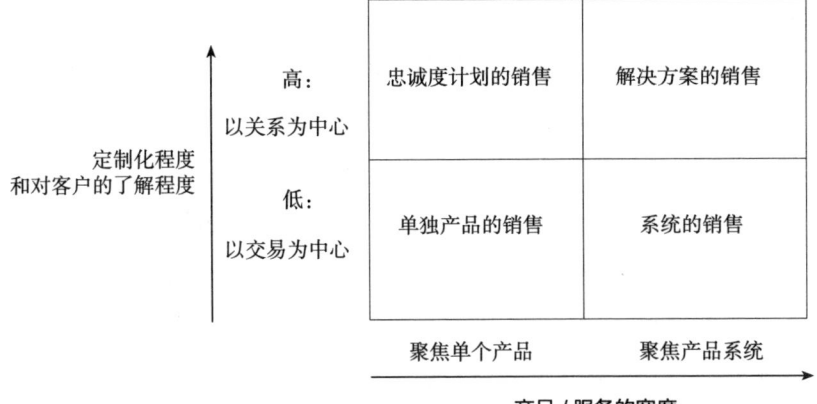

```
                    高:        忠诚度计划的销售      解决方案的销售
                  以关系为中心
定制化程度
和对客户的了解程度
                    低:        单独产品的销售        系统的销售
                  以交易为中心

                              聚焦单个产品          聚焦产品系统
                                      产品/服务的宽度
```

图 3-2　解决方案销售矩阵

在以产品为导向的公司中，那些被分配到解决方案销售部门的人必须在产品逻辑和解决方案逻辑之间进行取舍。[13] 在与客户的沟通中，他们需要扮演顾问的角色，将客户的利益放在首位，其次才是产品部门的利益。然而产品部门通常希望解决方案部门保持其员工的身份，表现出对公司品牌的忠诚。如果产品逻辑主导了解决方案逻辑，公司就会失去提供以客户为中心的解决方案的能力和信誉。

1. IBM 公司的产品是不可知的吗？

IBM 公司试图通过捆绑不同渠道（如太阳微系统公司或惠普公司）的技术为每个应用程序推荐最佳选择，这使 IGS 硬件变得不可知。1999 年，所有的 IBM 经理都签署了一份"业务合作伙伴章程"，他们承诺将 IBM 的产品和服务与竞争对手的优质产品进行捆绑。今天，IBM 拥有"业界最广泛的业务合作伙伴网络"——72 个战略软件合作伙伴，包括思爱普（SAP）公司和西贝尔（Siebel）系统。它的营销和分销能力使其成为小型软件公司首屈一指的集成商。

通过结盟合作伙伴，IGS 能够获得更多的潜在客户，并为现有客户提供更完整的服务平台。IBM 关系开发部的总经理鲍勃·廷普森

（Bob Timpson）这样总结结盟的理由："在当今世界，你不能只拥有自己的硬件、软件和销售队伍。你必须成为一个更大的生态系统的一部分。"[14] 当然，公司仍需不断质疑和考验竞争对手产品的信誉和性能保证。

产品的不可知论使 IBM 技术专家的角色更加可信。作为一个解决方案供应商，IBM 积极地讨论客户如何才能整合技术以改善其运营、创新和分销渠道。通过捆绑不同来源的技术，IBM 公司成功建立了能满足客户具体业务需求的系统。这种对产品不可知、以客户为首的做法使 IBM 赢得了客户的信任。

成为解决方案供应商是一个过程，而不是目的地。IGS 仍然没有做到对其硬件和软件品牌真正的不可知。如果客户需要一个其他的平台，IGS 虽然会提供，却极其不情愿。另外，IBM 公司承诺捆绑竞争对手的优质产品，前提是该竞争对手已经是 IBM 业务伙伴，而成为其业务伙伴是非常难的。因此，IBM 为其顾问建立了一套激励系统，根据这个系统，他们的奖金更少与销售产品挂钩，更多地取决于在服务领域达成的目标。

2. 拥有优质产品会阻碍解决方案的销售吗？

继 IBM 的成功之后，惠普公司（HP）至少三次尝试采用类似的解决方案战略，试图整合其广泛的产品和技术能力，但都以失败告终。[15] 之后，为了成为 IBM 更具竞争力的对手，惠普公司兼并了康柏公司。

除了高度分权的文化，惠普公司的问题还在于它强大的工程背景，以及由此创造出的一系列产品。强大的工程背景也可能成为转型过程中的障碍，因为公司总是会专注于自己的产品，而不是关注客户及其遇到的问题。事实上，有人可能会说，解决方案提供商最好不要拥有专有产品，从而迫使公司纯粹地通过整合来创造客户价值。

举个例子，埃森哲（Accenture）的前身是安达信咨询（Andersen Consulting），是一家在传统意义上没有自己产品的信息技术解决方案提供商。埃森哲公司的顾问专注于客户，设计出客户的流程，然后对流程优化并实现自动化。顾问把时间花在了解客户及其工作实践上，而不是试图销售产品。在选择硬件时，埃森哲能够保持中立。但事实上，大多数客户并不会指定某个品牌的硬件。能够实现同一职能的公司不止一家，所以埃森哲通常会从最适合的供应商处购买产品。埃森哲唯一的产品是概念和方法，这使它成为一个特别强大的解决方案提供商。

给方案定价以体现其价值

与产品不同，为解决方案定价是非常困难的，尤其是没有哪两个解决方案是完全相同的。即使解决方案相同，它对不同客户的价值也可能有很大差异。价格必须在为客户提供解决方案的价值和供应商提供解决方案的成本之间做出微妙的平衡。[16] 如果价格过高，客户可能决定购买各个组件并自主开发解决方案；如果价格太低，供应商在设计方案时的付出就得不到相应的回报。

为了避免解决方案定价过低，必须要明确重要客户和价值主张。方案对客户的价值必须大于各个要素的成本之和。方案的价值不应该汲汲于从别的供应商那里大量进货的折扣。方案提供商赚取的利润更大，因为整套产品的价格超过了各个组件的价格之和。

为客户创造的部分价值会因为方案提供商的不同定价法则而增值。由于大多数解决方案会随着时间的推移交付价值，客户在如何根据其财务状况和风险状况对所创造出的价值的付费方面可能存在很大差异。付费方式包括一次性预付（交钥匙法）、分期支付（按使用付费或阶段性付款）、定期支付（每月或每年定期付款），甚至还有收入共享和股权参与。[17]此外，还有各种类型的服务费、维护费、运营费、许可证费和咨询费。与商业市场中大多数按每箱、每磅或每吨付费的观念完全不同，以上定价策略可以单独使用，也可以组合使用。

从免费服务转向付费服务

我们可以从不同的视角来看待服务在公司中的作用。长期以来，产品公司的服务是与所有产品免费捆绑在一起的，因此是一个成本中心。例如，经常有客户向思科（Cisco）咨询如何使公司的电子商务导向性更强，而思科公司从来不收取任何费用。它认为，通过分享其专业知识所带来的设备订单远远超过了提供这些咨询服务的成本。[18]

在20世纪60年代和70年代，IBM在大型机上的利润率非常高，以至于它将所有的服务都捆绑在电脑上。当它成为一个解决方案的提供者时，IBM开始将这些服务拆分出来单独收费。它最成功的战略之一是追求金额大、期限长的服务合同，这值得惠普等竞争对手效仿。[19]

正如思科和IBM的案例所示，公司在看待服务的作用方面采取了以下几种不同的立场：（1）为支持产品而免费提供；（2）收回部分成本；（3）收回全部成本；（4）使利润中心独立以支持产品；（5）由独立的业务部门来支持和利用竞争对手的产品。[20]公司通常不会从免费服务跳到解决方案提供商，相反，它们往往要经历一个或多个中间阶段。

从免费服务过渡到付费服务是非常困难的，因为公司要努力让客户认识到他们享受的免费服务的价值和成本。产生困难的部分原因在于，每个客户对这些免费服务的重视程度不同。一些客户消费了大量的免费服务，而另一些客户则几乎不使用这些服务。因此，对这些曾经免费的服务进行收费是一种细分客户的有效方式。因为那些曾经享受服务的客户现在必须为其付费，而那些没有享受过服务的客户则会得到更有竞争力的价格。然而，说服重度用户开始为服务付费绝非易事，因为互联网的商业模式是向终端用户提供免费服务以换取广告等辅助收入（如 Yahoo!）。[21] 解决这个问题的最好方法是使用詹姆斯·安德森（James Anderson）教授和詹姆斯·纳鲁斯（James Narus）教授开发的矩阵法（见表 3-2）。流程是这样的：首先，选择一个细分市场，然后在第一栏的每个标题下列出提供给该细分市场的现有标准服务（即免费服务）、现有选择服务以及公司正考虑提供的新服务。对每一项标准的、可选的或潜在的新服务，我们需要思考这项服务是否应该是:（1）免费提供的，即作为"标准"提供，因为大多数客户很重视;（2）作为选项提供，因为只有少部分客户重视;（3）不提供，因为很少有客户重视或提供它的成本超过了对客户的价值。一旦明确了这些问题，矩阵就会指明应该如何管理每项服务。

表 3-2　服务类型矩阵

服务要素状态	作为"标准"提供	作为"选项"提供	不提供
现有的"标准"服务： 1. _____ 2. _____ 3. _____	保留在标准服务中	改造为增值选项服务	从标准服务中剔除
现有的"选项"服务： 1. _____ 2. _____ 3. _____	通过改进，加强提供标准	作为增值添加选项	从可选服务中剔除

续表

服务要素状态	作为"标准"提供	作为"选项"提供	不提供
新的服务：	增加到标准服务中	作为增值可选服务引入	暂不引进
1._____			
2._____			
3._____			

资料来源：James C. Anderson and James A. Narus, *Business Market Management: Under-standing, Creating, and Delivering Value* (Upper Saddle River, NJ: Prentice Hall, 1999), 176. Reprinted by permission of Pearson Education, Inc., Upper Saddle River, NJ.

鉴于说服客户为现有的免费服务付费的难度，创新和开发新的服务作为付费服务是较为容易的一种调节方式。同时，那些不愿意付费的客户在享受免费服务时，公司可向其开具"不付款"字样的发票，使其开始感知该服务的价值。成功传达价值的公司，随着时间的推移可以将免费服务的客户转化为付费客户。最后，公司还可以开发两个版本的服务：一个免费版本和一个加强版的付费版本。例如，开通 Hotmail 账号可享受免费的部分功能，但付费账户可享受全部功能。

对许多产品公司来说，有偿服务现在占了它们收入的很大一部分，而且还在不断上涨。[22] 在奥蒂斯电梯公司（Otis Elevator）50 亿美元的收入中，有近 70% 来源于服务费和维修费。ABB Service 在全球范围内管理着 100 多个大型的全面服务合同，以维护自己或竞争对手的设备。

建立销售方案的能力

有效的方案销售需要新的能力以及时间、人力和财力等资源的大量投入。如果缺少这些投入，公司就会陷入从销售产品到销售方案的转型困境中。

改变思维模式，对服务效果负责

为了从销售产品过渡到销售方案，公司必然要经历一场痛苦的营销思维模式变革。在一个以销售产品为导向的公司，一切都以现有的产品及其性能为起点和终点，并不断寻找新的应用和客户。当产品不太适合某些客户或应用时，公司要么增加新的产品职能，要么开发新的产品。[23] 无论如何，公司只能解决那些与产品相对应的问题。[24] 相反，一个以销售方案为导向的公司需要从客户的问题出发，并保证客户获得预期结果，这通常需要对客户购买的整个流程负责。

举例来说，一个油漆供应商不再像从前那样向汽车制造商出售大批量油漆，而是管理喷漆的整个流程，每完成一辆车的喷漆就向汽车制造商收取固定费用。在早期的销售方法中，汽车制造过程中浪费的油漆越多，供应商的利润就越大，因为这意味销售了更多的油漆。但在接管整个喷漆过程后，喷漆过程中的浪费意味着油漆供应商的利润降低。因为它的身份变成提供解决方案时，油漆就成了供应商所需支付的成本。

为客户规划整个业务流程

方案销售商往往通过省掉客户与多个供应商打交道的麻烦和成本，以及减少集成组件和服务的痛苦来创造价值。要理解这种无缝操作的价值，我们来看一个案例：当客户希望解决一个问题时，软件供应商说问题出在硬件上，硬件供应商说问题出在网络连接上，网络支持公司说问题出在电话线上，而电话公司却说问题出在软件上。而换成方案供应商，客户只需要和这一方进行联络。

若要给客户提供一个无缝方案，公司需要为客户规划整个业务流程，并开发一个使客户更方便消费产品的解决方案。方案销售商的流程必须与客户的流程相适应，因而每个客户的流程都可能有所差异。

因此，与其把重点放在产品开发上，不如把与消费产品有关的整个活动流程规划出来。[25] 图 3-3 举例说明了自助粉刷一个房间时必须经历的整个过程。

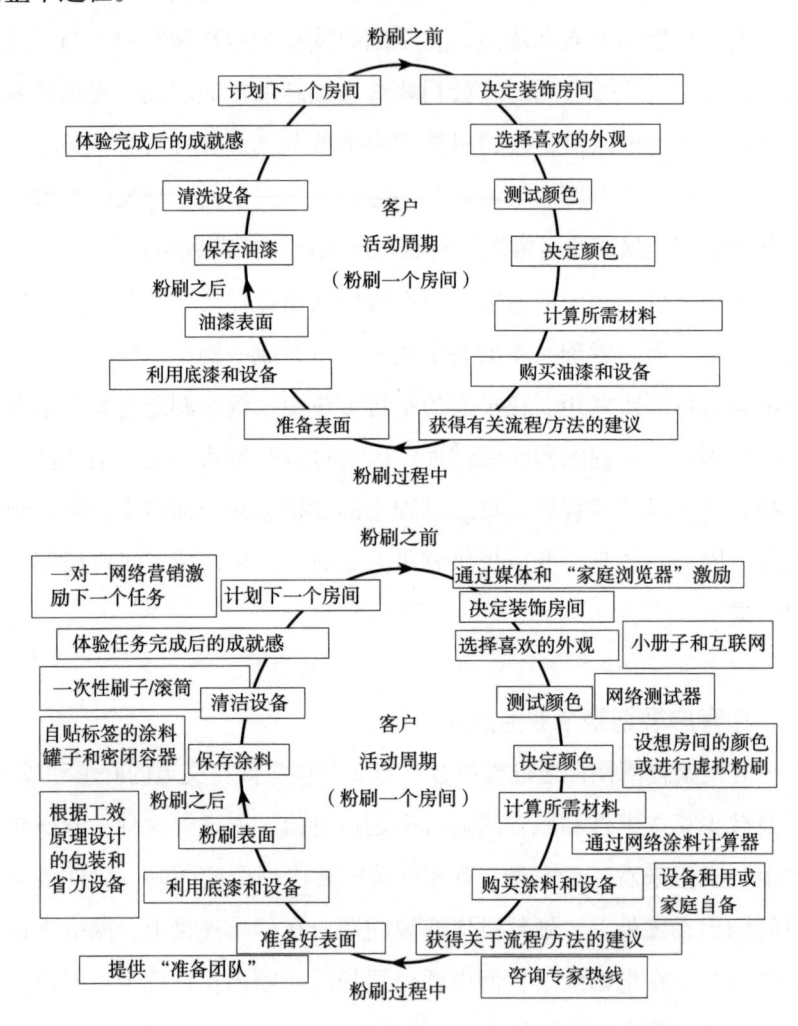

客户活动周期（粉刷一个房间）

粉刷之前：
- 决定装饰房间
- 选择喜欢的外观
- 测试颜色
- 决定颜色
- 计算所需材料
- 购买油漆和设备
- 获得有关流程/方法的建议

粉刷过程中

粉刷之后：
- 准备表面
- 利用底漆和设备
- 油漆表面
- 保存油漆
- 清洗设备
- 体验完成后的成就感
- 计划下一个房间

客户活动周期（粉刷一个房间）——阿克苏诺贝尔方案

粉刷之前：
- 通过媒体和"家庭浏览器"激励 — 决定装饰房间
- 小册子和互联网 — 选择喜欢的外观
- 网络测试器 — 测试颜色
- 设想房间的颜色或进行虚拟粉刷 — 决定颜色
- 通过网络涂料计算器 — 计算所需材料
- 设备租用或家庭自备 — 购买涂料和设备
- 咨询专家热线 — 获得关于流程/方法的建议

粉刷过程中

粉刷之后：
- 提供"准备团队" — 准备好表面
- 根据工效原理设计的包装和省力设备 — 利用底漆和设备
- 粉刷表面
- 自贴标签的涂料罐子和密闭容器 — 保存涂料
- 一次性刷子/滚筒 — 清洁设备
- 体验任务完成后的成就感
- 一对一网络营销激励下一个任务 — 计划下一个房间

图 3-3　阿克苏诺贝尔的自助型（DIY）客户的活动周期

资料来源：Akzo Nobel.

评估客户的总成本

正如 Hendrix Voeders 公司、ICI 炸药和固安捷公司的案例所示，方案销售商必须非常了解客户的运营情况。除了要对客户的结果负责，为客户的流程进行端到端的规划，还需要记录客户消费产品的总成本。

明确总成本需要清楚地列出所有产品的购买成本（如价格、采购前评估、购物时间、文书工作、订单跟踪、订单差错和运输路费）、获取成本（如利息、税和保险、存储、安装、处理、折旧、报废和质量控制），以及储存成本（如存放时间、零部件、供应品、培训、劳动成本、产品寿命、更换和处置）。[26] 与客户讨论这些问题，不仅是为了引起他们对产品价格的关注，更重要的是拓展他们的认识。

在与波音公司（Boeing）的竞争中，空中客车公司（Airbus）的获胜可以作为一个成功案例。空中客车公司能提供一系列具有相同驾驶舱设计和飞行特征的多种飞机。[27] 这种相似性降低了成本，因为空中客车公司的用户在更换飞机时不需要重新培训飞行员，而且航空公司可以安排飞行员驾驶各种飞机。相比之下，虽然波音公司提供了极具吸引力的价格，但飞机的初始资本成本仅占总成本的极小一部分。

东方海外集装箱有限公司（Orient Overseas Container Line）董事长董建华（C. C. Tung）表示："我们正在培训我们的员工，使其成为物流顾问而不是服务的提供者……为了避免一味的价格竞争……（运输成本）在我们重要客户的总物流支出中只占一个相对较小的部分，所以我们……在用其他方式帮助他们，如通过降低库存来减少利息成本（和）通过快速且无差错的凭证来改善现金流。"[28]

让客户了解总成本的构成

不幸的是，客户往往不了解自己的业务流程的运营情况。因此，方案销售商必须为客户提供"教育"帮助。例如，莎莉集团旗下的分公司 Douwe Egberts 为欧洲的专业食品服务商开发了一种名为 Cafitesse 的现煮咖啡解决方案。一个模块化的系统提高了酿制速度（9秒内完成一杯卡布奇诺），减少了清洁和维护的工作量，同时在咖啡、过滤器或残渣方面几乎没有任何浪费。正如人们所预料的那样，咖啡酿制市场对价格极为敏感，焦点往往集中在每公斤咖啡作价几何上。Cafitesse 方案中的咖啡在价格上并不占优势，但咖啡本身的价格只占总成本的 20%～30%（有时高达 40%），其他因素通常被客户遗忘。这导致不同咖啡冲泡方案之间错误的成本竞争。

为了帮助客户了解运营情况，Douwe Egberts 开发了一个庞大且简易的 Excel 电子表格。它帮助客户计算出目前方案中每一杯咖啡的成本，然后将其与 Cafitesse 方案的成本作对比。这种比较包含了多种因素，包括清洁时间、折旧率、过滤器费用、电费、用水量、酿制过程的废弃成本，等等。无论客户选择什么样的酿制方式，这些因素都是成本的组成部分。Cafitesse 公司的高速度、低浪费的特点有助于降低每杯咖啡的总成本。以浪费为例：一杯"正常"咖啡中 98.5% 的成分是水。传统的咖啡系统会使 20% 的酿制咖啡被浪费，咖啡和水都是浪费的重要因素。通过向顾客提供一个能减少浪费的系统，定价就不仅是比较"每公斤"咖啡的价格了。

传统方法的咖啡酿制成本往往会让客户感到惊讶。电子表格中记录的内容使他们更愿意相信 Cafitesse 公司的观点。当客户考虑到每杯咖啡的总成本，Cafitesse 公司的方案就变得相当有优势。这就将客户的关注点从价格转向了浪费。

同样，固安捷公司也为大型公司进行了非常详细的分析，并证明了间接材料的流程成本约占产品总成本的 70%。它发布过一个广告——"7 个人去买一把锤子。锤子的成本是 17 美元，但他们的时间成本是100美元"。这有助于让客户了解到：大部分省钱的方式并不在于降低产品成本。

开发知识库

方案销售是信息密集型的。为了销售方案，公司必须充分了解每个客户及其业务流程的信息以及用多种方式分析数据的能力。例如，作为它的客户关系管理（CRM）流程的一部分，IBM对其1000家大客户的需求进行了追踪统计。[29]这些统计既包括当前需求，也包括对未来需求的预测，然后根据客户的增长率及其对IBM的终身价值，对客户进行评级。

通常情况下，公司销售的是捆绑在初始产品里的高水平定制化信息。通过以客户为标杆，公司成为消费流程方面的专家，传递关于如何最好地应用产品的知识。Hendrix Voeders公司、IBM、ICI和固安捷公司最终都向其客户出售知识，试图成为一个真正有别于其他竞争者的公司，并在管理良好的情况下不断增强核心竞争力。一个公司使用这种方法的次数越多，它在市场上的力量就越大，竞争对手也越难复制它。

为了有效地销售方案，公司必须有全员都能够使用的专业知识库系统。IBM公司便对这种在线知识库进行投资，以便让内联网成为方案销售人员的协作入口。譬如，在线知识库里有一个职能是"专家定位器"，它可以帮助员工找到一个可以建构Linux数据库的软件工程师。

以销售方案为导向的组织转型

方案的销售对组织具有至关重要的影响。如果组织不转型，解决方案战略就会萎缩，特别是在大公司。接下来以IBM公司的转型为例。

公司故障区

有效的解决方案需要销售人员快速诊断出客户所面临的关键问题，然后制订出符合客户要求的完整方案。要想成功，销售人员不仅要对自己公司的能力有深刻了解，同时也要深入透彻地了解客户的业务。因为公司可能需要雇用一些来自客户所在行业的人员，他们对客户的业务流程和成本非常熟悉。

IBM 意识到不断变化的销售对象给销售人员带来的困难，今天的销售对象是银行，明天是零售商，后天可能就变成了石油和天然气公司。销售人员能做到这一点的唯一方法就是成为产品专家，而不是客户问题方面的专家。销售人员要想从接单人员发展成客户顾问，就必须成为行业专家。

如果 IBM 的销售人员向一个大型的跨国客户出售 IT 方案，那么销售过程中就需要调动几个国家分部和产品分部。从某种意义上说，方案提供商要保证不同的分部之间的通力合作。[30] 但 IBM 的掌权者是产品主管，尤其是各个地区的产品主管。如果你是 IBM 法国公司的总裁，你会感觉你像一个大使，你会有一个庞大的组织，里面有大量的员工、秘书，也存在官僚体制。因此，这种组织结构会阻碍 IBM 向客户提供方案，而将来自不同供应商的产品组合在一起以解决客户问题的系统集成商正在以 IBM 为代价获得影响力。作为回应，郭士纳指定了 IBM 要主导的 14 个行业领域（包括金融服务和零售业），并指定专人负责每一个领域。

IBM 公司许多新的行业经理都是外部人士，他们被选中的原因是，他们具备与 IBM 的地区和产品主管相近的个性及影响力。由于这些行业主管试图创建客户方案，产品和国家经理就变成了他们的内部供应商。有几个国家的经理抵触向行业主管报告，其中一些人最终离开了公司。为大型跨国客户创造解决方案需要跨越多个产品和国家分部的协调努力。公司按照行业路线对按地域分配的销售队伍进行了重组,并开发了新的协调程序(如转移定价策略)和新的结构(如强有力的区域领导),用于产品在单位内部进行销售并将资源分配给解决方案。

转型过程

从产品公司到解决方案公司的转型是一个渐进的过程。将产品的客户转化为解决方案的客户需要时间和努力。在过渡期间,必须同时管理好当前和未来的商业模式。在这两个层面上进行管理是公司面临的一个复杂挑战。

传统的基于产品和国家的业务部门必须继续发挥作用,而负责客户方案的新团队组织则位于更重要的地位。专门的客户方案团队将从不同的业务部门抽调人员来完成特定的项目。在过渡期间,以前明确的责任制、等级制度、权力边界和专用资源都将受到新业务单元的挑战。这些新业务单元由流动的团队组成,它的业务机会不稳定,且负责人缺乏对必要资源的直接控制。[31]

为客户提供方案的员工需要集合相关的产品小组、行业顾问和国别专家的专业知识,以形成综合方案。对他们而言,公司必须作为一个资源组合而不是业务单元来运作。[32]但是,这些资源的传统拥有者——产品经理和国家经理——会将这些共享稀缺资源视为无回报的投入,甚至更糟,因为他们最好的客户都被方案团队抢走了。[33]薪酬委员会必须重新考虑激励机制,薪酬要突出高层管理人员对整个公司的贡献,而不是对其分部的贡献。

变革型领导

为了过渡到解决方案的销售，IBM 公司需要郭士纳展现出变革型领导的能力。郭士纳削减了成本，整顿了公司文化，并灌输了以客户为中心的思想。尽管 IBM 的收益一直很高，但内部势力划分使得经营成本变得更高。据报道，郭士纳在刚接手时说："虽然我们每年的收入是 640 亿美元，但公司在 IT 业务上花的钱也最多。我们投入 690 亿美元来实现 640 亿美元的收益。"[34]

郭士纳的变革领导力在 IBM 的转型中扮演着重要作用。首先，他将自己的外部观点带入了一个狭隘的、短视的文化中。作为曾经的 IBM 客户，郭士纳对市场和行业问题的理解足以让 IBM 公司成为客户更好的伙伴。通过专注于客户而不是技术，他积累了对公司其他部门至关重要的知识。

其次，郭士纳意识到，IBM 的高级管理人员需要摒弃过去的成功理念和做法。他努力寻找了解客户和降低成本的专家。[35]他打破了惯例，从 IBM 外部任命了营销副总裁和通信副总裁，然后聘请了克莱斯勒的杰里·约克（Jerry York）担任财务总监，以在艰难的环境中削减成本。

再次，由于郭士纳欣赏 IBM 的品牌实力以及其对市场和营销过程的潜在影响，他保持了公司的完整而不是将其分拆。保持公司的完整性是他为股东做出的最有价值的一个决定。

最后，作为麦肯锡（McKinsey）的前顾问，郭士纳认识到将结构与战略相结合的重要性，并不断努力地协调 IBM 的各个部门，尽量减少公司内耗。郭士纳早期的成功使他很快得到了 IBM 员工的拥护和喜爱。

IBM 继任 CEO 萨缪尔·帕米沙诺（Samuel J. Palmisano）说："IBM 公司的 DNA 是他一直坚持的东西。但是，要去除 DNA 中不好的东西，这些东西导致我们变得狭隘自大，以自我为中心。郭士纳在这个方面做了很多努力，他把这些'不好的东西'都打倒了。"[36]

在企业中心的帮助下，CEO在倡导客户方案方面发挥着重要作用。他们必须帮助协调整个流程，以消除因变革引起的冲突。他们可能还需要发起一些创新行动以改变公司内部的资源分配过程。他们必须对项目进行评级，以确保最有价值的方案能够得到最有价值的资源。图3-4概述了支持解决方案销售的组织架构。

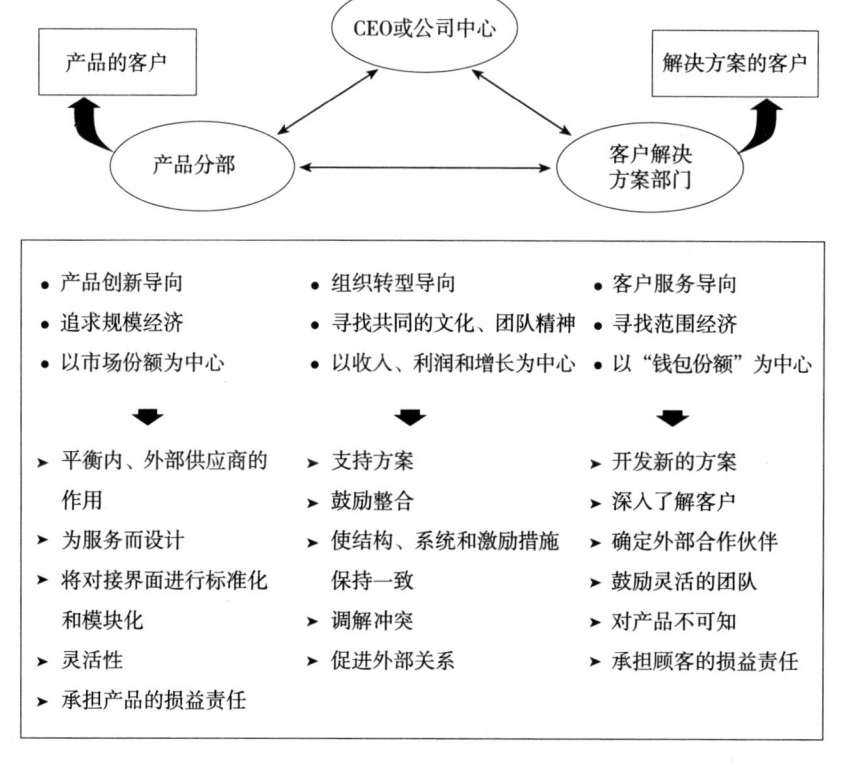

产品分部	CEO或公司中心	客户解决方案部门
产品的客户		解决方案的客户

- 产品创新导向
- 追求规模经济
- 以市场份额为中心

- 组织转型导向
- 寻求共同的文化、团队精神
- 以收入、利润和增长为中心

- 客户服务导向
- 寻找范围经济
- 以"钱包份额"为中心

▼

- ▶ 平衡内、外部供应商的作用
- ▶ 为服务而设计
- ▶ 将对接界面进行标准化和模块化
- ▶ 灵活性
- ▶ 承担产品的损益责任

- ▶ 支持方案
- ▶ 鼓励整合
- ▶ 使结构、系统和激励措施保持一致
- ▶ 调解冲突
- ▶ 促进外部关系

- ▶ 开发新的方案
- ▶ 深入了解客户
- ▶ 确定外部合作伙伴
- ▶ 鼓励灵活的团队
- ▶ 对产品不可知
- ▶ 承担顾客的损益责任

图3-4 一个解决方案组织

资料来源：Adapted from Nathaniel W. Foote, Jay R. Galbraith, Quentin Hope, and Danny Miller, "Making Solutions the Answer," *McKinsey Quarterly* 3（2001）：84–93.

| 方案清单 |

重要顾客和价值主张

- 我们是否确定了标准，以识别那些愿意为解决方案付费的客户？
- 我们对解决方案客户的主要价值主张是什么——增加收入、削减总成本，还是降低风险？
- 我们是否为客户提供了多种付款方式，如按使用量付费、按收入付费，或是按共享的成本节约付费？
- 我们能否保证客户的产出而不是产品性能？
- 我们对产品是否了解？
- 我们是否真能从产品整合中盈利（收费高于捆绑在解决方案中的产品总价）？

方案能力

- 我们是否专注于开发便于和竞争对手的产品对接的模块化产品？
- 我们是否有能力保证系统在客户现场的性能？
- 我们是否开发出了评估客户价值的有效工具？
- 我们的销售人员是否深入了解了客户情况，并具备咨询技能？
- 我们是否能阐明客户的总成本和运营情况？
- 我们是否拥有业内最好的客户信息和知识库？
- 我们是否拥有强大的项目管理技能？

以销售方案为导向的组织情况

- 我们的产品分部和国家分部是否支持解决方案销售？
- CEO是否在倡导销售解决方案？
- 我们是否制定了有效的流程，将资源分配给解决方案项目？

- 组织的激励制度是否支持向客户提供解决方案？
- 我们为客户提供解决方案的协调机制（例如，转移定价）有多好？

◆ **本章小结**

通用电气公司的杰克·韦尔奇（Jack Welch）指出："赢家将会是那些从客户角度提供解决方案的公司。这是营销工作的重要组成部分。"当一个公司试图从产品销售者转变为解决方案提供者时，它将会发现，自己的许多原有优势（如分布式的组织、领先的技术和强大的事业部门）恰恰成了阻碍公司有效转型的因素。

开发解决方案需要全面了解客户的活动周期和总成本。了解每个客户可能从解决方案中获得的、区别于之前的经济利益信息是非常重要的。提供解决方案需要公司中多种技能的组合，同时对客户的损益承担更大的责任风险。公司需要更灵活的运营和组织，以及管理供应商、竞争对手等多种伙伴关系的能力。此外，要使解决方案的价值得到体现，公司需要提供灵活的定价方法。章中专栏提供了一个解决方案的清单。从每个项目中获得的知识需要相当大的投资。一个专有的数据库是必不可少的，它可以不断更新每个客户的数据、实施流程以及解决方案技术。

一家成功的解决方案提供商是网络化的，它有能力整合包括自身在内的多家公司的多种生产技能。它必须迅速捕捉解决客户问题的新机会，并利用灵活的结构和较低的交易成本加以实现。理想的解决方案供应商是一个人员密集、知识密集和流程密集但资产较少的组织。它的重点是知识，包括对客户的了解、与合作伙伴协作，以及整合其关系网的资源和能力。它的重点不是填补能力或资产，而是利用知识来发挥其主要资产（人）的作用。这就是它比其竞争对手收益更高的原因。

  要实现这一切，首先需要改变思维方式。如果没有高层管理者的集中努力，从产品销售商向解决方案销售商的变革必然会受到庞大的组织惯性的制约，这种惯性正困扰着许多大型组织。要取得转型的成功，必须有人（最有可能是 CEO）拼尽他的职业生涯为此一搏。

第4章
从衰落到增长的分销渠道

把竞争者控制在自己人的范围里。

作为一种新渠道,互联网不仅促进了数码产品与服务(新闻和音乐)的传播,还使大部分实体商品或服务在完全陌生的人群中有了动态交易的可能。公司对公司(B2B)的销售(如FreeMarkets)、公司对消费者(B2C)的零售、转售和送货(如亚马逊),以及消费者对消费者(C2C)的转售与服务(如亿贝)都在互联网市场中大量涌现。

互联网只是影响分销的多种技术之一,新的渠道难免让老牌大型公司的管理者们不知所措。他们是应该迅速发展新能力,利用这些新兴渠道来接触新顾客,还是等到渠道成熟后再进入呢?新的渠道是否会"蚕食"当前的收入或危及长期的经销商伙伴关系?

老牌公司的犹豫不决,让亚马逊、嘉信理财、戴尔、Direct Line、易捷航空和宜家等后起之秀抓住了机会。它们通过新渠道渗透或颠覆行业渠道结构,在娱乐、金融服务、通信、计算机、出版、软件和旅游等行业向"领头羊"发起挑战。嘉信理财开发了金融超市模式,专注于传统纵向一体化行业的分销;花旗集团积极地将顾客和交易转移到自动取款机上；Direct Line 则通过电话销售成为英国最大的汽车保险公司；戴尔和易捷航空已开发出向顾客直销的高效益商业模式，同时将传统零售商和旅游代理商的作用弱化。瑞安航空的 CEO 迈克尔·奥利里（Michael O'Leary）指出："四年前，我们 60% 的产品……是通过旅行社销售的……他们按照票价的 9% 向我们收取佣金。通过电脑预订还要再增加约 6% 的佣金。因此我们一共需要向分销商支付 15% 的分销费用。而现在，我们 96% 的销售是通过 Ryanair.com 网站进行销售，每张票的成本大约是 1 美分。"[1]

眼看着这些后起之秀相继取得成功，老牌公司最终意识到分销的战略作用以及调整渠道的必要性。在艰难的经济和竞争环境下，顶着实现营收增长的压力，高层管理者们绝不能忽视覆盖新细分市场和大幅削减成本的创新型渠道。

但值得一提的是，从旧渠道到新渠道的迁移很难实现。如果没有高层管理者的支持，营销经理根本不会去挑战根深蒂固的内外部利益集团。重新配置渠道需要一个像奥利里这样的 CEO，他曾说："英国航空公司认为绝对不能得罪旅行社……去他的旅行社！……这些年它们为乘客做了什么呢？"[2]

渠道迁移战略

当一种新的分销渠道出现时，管理者必须思考两个基本问题：（1）新渠道在多大程度上补充或取代了现有分销渠道？（2）新渠道在多大程度上影响了我们现有的能力和价值网络？这两个问题的答案有助于确定必要的渠道迁移战略、内部阻力水平，以及可以预见的外部渠道冲突，也可以帮助管理者深入了解渠道迁移的过程（见图 4-1）。

	增强现有能力	需要新的能力
补充性的	**渗透** （戴尔在线） • 保留现有渠道 • 添加新频道 • 增强现有能力 • 内部阻力小 • 渠道冲突低	**发展** （网上银行） • 保留现有渠道 • 添加新频道 • 增强现有能力 • 内部阻力小 • 渠道冲突中等
替代性的	**突变** （在线旅行） • 退出现有渠道 • 添加新频道 • 开发新的能力 • 内部阻力大 • 渠道冲突严重开关	**重塑** （在线音乐） • 退出现有渠道 • 添加新频道 • 增强现有能力 • 内部阻力中等 • 渠道冲突严重发展

（左侧纵轴：外部影响；横轴：增强现有能力 → 需要新的能力）

图 4-1 渠道迁移战略

替代效应与补充效应

在美国，超市取代了家庭式零售商店说明了新分销渠道的替代效应。[3] 超市的价值主张是更好的品类划分、一站式的购物，多走一点路就能享受大幅降价产品，这超过了家庭式零售商店，导致后者的绝对数量及其相对市场份额都下降了。

相反，电视和家用录影带延伸了电影业的分销渠道。当电视在20世纪50年代首次出现时，好莱坞工作室的市场价值急剧下降。当家用录影带首次出现时，电影公司也发生了同样的情况。在以上两个例子中，管理者和分析师都忽略了两个重要问题。

首先，新的分销渠道（电视和家用录影带）的价值主张与现有渠道（电影院）不同，也不优于后者。例如，家用录影带具有种类上的多样性、时间上的灵活性、非正式性和较低的价格，而电影院则是"约会"或"晚上外出"的场所。这两个分销渠道具有明确的价值主张，面向不同的顾客群体，因此可以共存。

其次，家用录影带允许消费者在疲惫、穿便装、希望独处、因照看孩子或疾病需要在家时，以及因电影院关闭或不再播放某部电影时观看。电视和家用录影带扩大了电影的市场，为电影业带来了可观的收入。制片人不再单单依靠电影院的收入来实现收支平衡。例如，美国 2002 年的票房收入为 101 亿美元，但若加上录影带和 DVD 光盘的销售、租赁，总额就超过了 250 亿美元。[4]

一个新的分销渠道是补充还是取代现有的分销渠道，突出了渠道迁移的性质。在替代情况下，现有的顾客群从新的分销渠道购买而放弃现有渠道。与之相反，互补的分销渠道为现有产品开辟了新的顾客群体或新的价值主张。显然，在替代的情况下，自食其力、渠道冲突和对变革的抵制会更多地发生。

替代性渠道迫使管理者放弃现有的渠道，将注意力转向新的分销渠道。虽然人们现在可以通过互联网购买机票或预订酒店和汽车，但这不可能增加度假或商务旅行的消费数量。相反，由于可以从网上获得必要的信息，许多顾客将根本不需要旅行社。在美国，通过旅行社预订的国内机票份额已从 80% 下降到不足 50%，难怪每月有 300 家旅行社面临倒闭。

替代效应还迫使管理者确定哪些渠道和细分市场受到了影响。例如，乘坐飞机旅行的休闲旅客比商务旅行者更快地迁移到互联网渠道上。根据在每个细分市场的竞争地位，公司可以决定迁移的速度——如易捷航空通过为在网上订票的顾客提供折扣来加快迁移，或拒绝适应新渠道而延缓迁移。

相比之下，互补效应迫使公司将某些类型的交易和顾客转移到新的分销渠道。新渠道在补充现有价值网络的同时,并没有大幅降低现有分销渠道的价值。营销人员必须将这些经济信息传达给那些可能会对新渠道产生非理性焦虑的分销人员。共同参与展示互补效应的独立市场调研在减少渠道成员焦虑方面特别有效。

将核心能力转化为核心的症结

新型分销渠道的出现通常会让公司兴奋不已,因为它们看到了未来更广的市场、更低的成本或更强的控制。但不幸的是,新的分销渠道也加剧了对现有公司的压力。老牌公司经常担心新的分销渠道,尤其是变革性的分销渠道会削弱它们的竞争力,使它们现有的分销资产贬值,使它们的核心能力僵化,从而动摇它们的行业领导地位。为了说明这些影响,让我们来看看个人电脑行业(PC)的渠道迁移情况。

1981年,近80%的个人电脑销售是通过为大顾客提供服务的直销队伍和为其余顾客提供全面服务的经销商共同完成的。21世纪初,直销和经销商所占的行业份额已低于40%,其余的份额被多种渠道瓜分,包括增值经销商(VAR),由戴尔公司开创的直接响应,以沃尔玛为主的大众商品销售商,像普莱斯(Price Club)、好市多(Costco)这样的超级巨型零售商,以百思买(Best Buy)和电器城(Circuit City)为主的电子产品超级市场,以CompUSA为首的电脑超级市场以及像Staples这样的办公产品超级市场。此外,还有大量实体店和零售商提供互联网业务。在这几年中,渠道迁移对PC制造商(如康柏、戴尔和IBM)的未来发展起着决定性作用。

1. 康柏与戴尔之争

21世纪初,全球个人电脑市场的领导者是康柏和戴尔。然而,如表4-1所示,这两家公司的商业模式差异显著。康柏拥有品牌产品特有的价值网络：相对较高的研发费用；成本低、品种少、产量大的制造系统；一个月的成品库存；第三方经销商。在 20 世纪 90 年代初，当拥有庞大直销团队的 IBM 还在对第三方经销商犹豫不决时，康柏就已经致力于通过经销商进行个人电脑销售，从而赢得了经销商的欢迎。在经销商的推动下，康柏一跃而起，在 1992 年成为市场领导者。

表 4-1　戴尔与康柏的商业模式

	戴尔	康柏
重要顾客	知识渊博型顾客群	具有不同需求的多个顾客群
价值主张	以有竞争力的价格定制个人电脑	具有优质的"品牌"形象
价值网络		
研发	有限的	大规模的
制造	灵活配置 成本不占优势	高速、品种少 低成本的制造系统
供应链	按订单生产； 一周的主要元件库存	按库存生产； 一个月的库存（主要是成品）
营销	适度的销售反应型广告	昂贵的品牌广告
销售和分销	直销	主要是通过第三方经销商

戴尔主要针对公司顾客，以合理的价格提供按订单生产的定制个人电脑。它发明了一个完全不同的价值网络：最低的研发支出、按订单生产、灵活的制造系统（与康柏相比，戴尔在制造成本上略有劣势）、一周的零件库存和高效的直销体系。在 20 世纪 90 年代早期，这种直销系统通过免费电话接受订单，并通过各种快递服务进行配送。

2. 戴尔的零售经验

正如图 4-2 中的价值曲线所示，通过戴尔直销服务顾客的价值主张与零售店的价值主张有所差异。1991 年，为了接触那些喜欢在零售店购物的小企业顾客和个人消费者，戴尔决定将其分销范围扩大到零售商，如加拿大的 Business Depot，美国和墨西哥的 CompUSA、Sam's Club 和 Staples，以及英国的 PC World。[5] 然而，与戴尔直销的定制模式不同，通过零售店销售要求建立库存。对此，戴尔只能在间接渠道中提供有限数量的预设个人电脑配置。尽管存在这样的限制，其收入还是从 1991 年的 9 亿美元左右攀升到了 1993 年的 28 亿多美元。

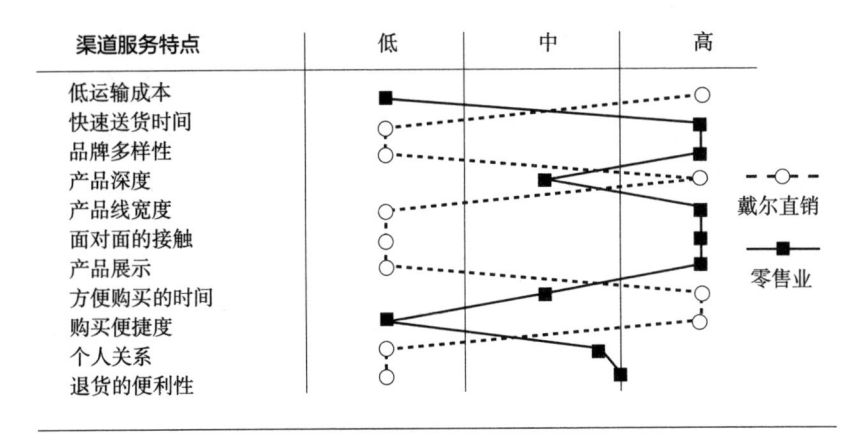

渠道服务特点	低	中	高
低运输成本			
快速送货时间			
品牌多样性			
产品深度			
产品线宽度			
面对面的接触			
产品展示			
方便购买的时间			
购买便捷度			
个人关系			
退货的便利性			

○--- 戴尔直销
■— 零售业

图 4-2　价值曲线：戴尔直销与零售

不幸的是，零售渠道的销售并没有带来额外的收益。虽然零售商承担了一些渠道功能，戴尔的内部销售成本从直接渠道的 14% 下降到间接渠道的 10%，但这并没有完全抵消零售商在销售工作中必须得到的 12% 的利润。因此，戴尔通过间接渠道销售的成本要高出 8%。鉴于其营业收入在戴尔直销渠道中只有 5%，它在间接渠道中损失了 3%。戴尔通过零售渠道销售的产品越多，它的损失就越大。1993 年，戴尔公司首次出现了 3600 万美元的亏损。到 1994 年中期，戴尔决定退出零售渠道，集中精力进行直接分销。这一决策使公司利润在当年便提升了1.49亿美元左右。

除了经济上的问题，戴尔在通过零售渠道进行销售时，其许多核心能力和优势被搁置在一边。迈克尔·戴尔（Michael Dell）解释说："我们的直销模式……使（我们的）库存可周转12次，而我们的竞争对手通过零售只能周转6次。尽管定制增加了我们5%的成本，由于升级和增加的功能，我们的产品价格却可以获得15%的提高。但对通过零售渠道提供的标准配置，我们则无法在市场上获得任何溢价……康柏公司，而不是我们，拥有10%的价格优势。"[6]

3. 康柏、戴尔和互联网分销

20世纪90年代中期，康柏和戴尔开始探索如何利用互联网进行分销。互联网如此令人兴奋的原因是它提供了机会与顾客进行一对一对话（交互能力），然后可以有针对性地提供定制化产品（响应能力）。戴尔利用了互联网的独特性，顺利衍生出了"戴尔直销模式"。它于1996年7月推出了自己的网站。

另一方面，康柏公司也在努力争取利用互联网，因为这样做会迫使它绕过经销商来定制个人电脑。然而，让产量大、品种少的制造系统提供价格具有竞争力的定制化产品是很棘手的。康柏公司如何通过互联网促进销售，同时又不会激怒其经销商，损害它们多年来的友好关系呢？

康柏公司在采取互联网直销方面比戴尔公司晚了近三年。为了防止直接竞争，康柏最初设计了一个新的个人电脑系列——Prosignia，用于直接在线销售。当零售商提出反对意见时，它也通过零售渠道销售这个系列的产品。互联网渠道已经使康柏的核心能力和分销网络资产——低成本制造系统和与第三方经销商的牢固关系——变成了核心症结。到1999年，戴尔已经成为美国个人电脑市场的领导者，每天销售额高达 3000 万美元，远远超越了康柏。

在各个行业内，新渠道不论是现有分销渠道的补充品还是替代品，都以不同方式影响着现有企业的核心竞争力和分销网络资产。新分销渠道的破坏性很大，一部分原因在于新渠道可能有助于一些公司整合其核心竞争力和分销资产，但同时会阻碍同行业的其他公司。竞争力和资产将如何受到影响，取决于一个公司在行业内的竞争方式。但开发新能力的需要通常会面临相当大的内部阻力，因为它削弱了组织内现有价值网络的既得权力。

音乐分销商业模式的重塑

如图 4-1 所示，最困难的渠道迁移策略是重塑分销渠道。在面对替代效应和开发新能力时，重塑是必要的。在这两种情况下，商业模式转型的重要性怎么估计都不为过。在顾客看来既方便又有吸引力的新分销渠道，在没有盈利的商业模式的情况下可能会陷入困境。这种情况目前普遍存在于电影、音乐、游戏、图书和软件等数字产品的在线分销中，尤其是在线音乐产品对现有的行业商业模式产生了巨大的潜在影响——有些人会说这种影响是破坏性的。

1. 音乐产业的成本结构

CD 唱片在零售店的平均售价约为 15 美元。图 4-3 试图对其成本结构进行分解。在分析该行业的传统价值链时，有两件事值得关注。第一，与分销相关的成本占总价格的比例较高，占 40%~50%；第二，预测哪些产品会成为"热门"，对行业来说是一个相对困难的问题。因此，音乐公司保证零售商有权全额退回所有未售出的产品。大约有 15%~25% 的产品会被退回。处理这些退货的绝对成本（包括分销和物流成本）是非常大的。

```
制造商对零售商的收费                 零售商对顾客的收费

2.00美元 版税
2.00美元 制作
2.00美元 营销                       10.50美元 产品成本
1.50美元 分销
3.00美元 制造商收益

10.50美元
                                    4.50美元 零售商毛利
                                    15.00美元
```

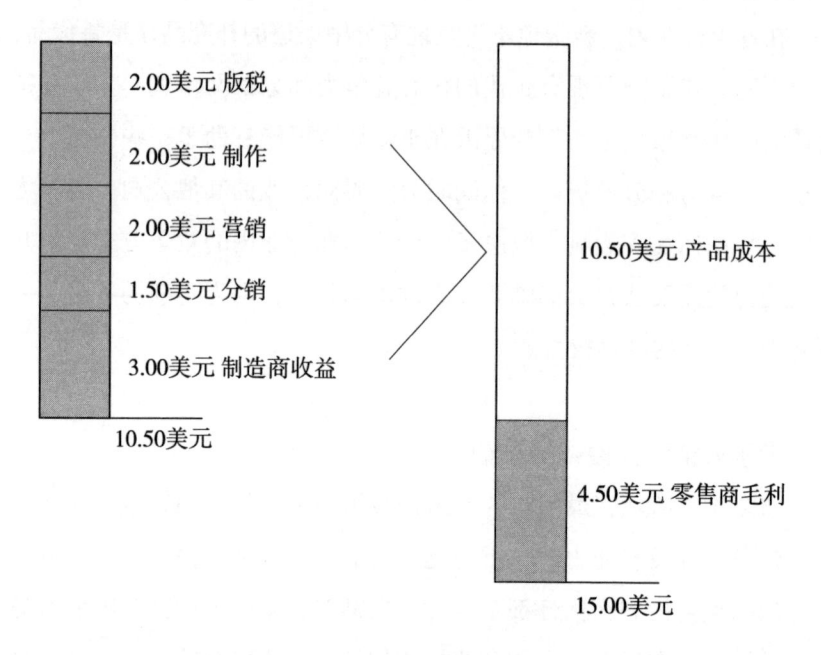

图 4-3 一张光盘的成本明细

2. 印度的留声机公司

鉴于 CD 唱片的成本结构以及图书出版业的类似情况，在线销售对制造商来说是一个极富吸引力的机会。印度的留声机公司就是一个例子。[7] 印度的留声机公司（Gramophone）是印度最大的音乐出版商。该公司拥有 4.5 万张专辑的版权，即印度有史以来所有音乐的 50%。该公司只有在需求证明生产 5000 张唱片是合理的情况下，才有可能重新发行一张旧专辑并继续灌装。结果，在 1995 年至 2000 年，只有 17% 的专辑在发售。销售是通过传统零售商进行的，大约有 15% 的唱片被作为未售出的库存退回。在分销方面，留声机公司和其他音乐公司一样，在图 4-4 的分销矩阵中处于左下角（方框①）。

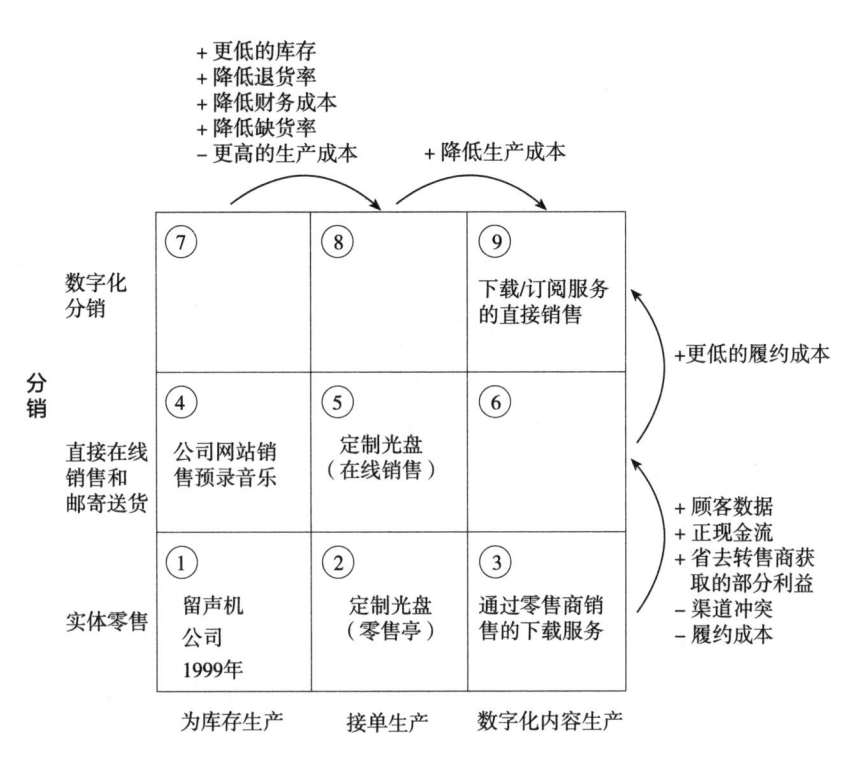

```
                    + 更低的库存
                    + 降低退货率
                    + 降低财务成本
                    + 降低缺货率
                    - 更高的生产成本    + 降低生产成本

              ┌─────────┬─────────┬─────────┐
              │   ⑦     │   ⑧     │   ⑨     │
  数字化        │         │         │ 下载/订阅服务│
  分销          │         │         │ 的直接销售  │
              │         │         │         │
              ├─────────┼─────────┼─────────┤   +更低的履约成本
              │   ④     │   ⑤     │   ⑥     │
  分   直接在线  │ 公司网站销│ 定制光盘 │         │
  销   销售和    │ 售预录音乐│(在线销售)│         │
       邮寄送货  │         │         │         │
              ├─────────┼─────────┼─────────┤   + 顾客数据
              │   ①     │   ②     │   ③     │    + 正现金流
              │ 留声机   │ 定制光盘 │ 通过零售商│   + 省去转售商获
  实体零售      │ 公司     │（零售亭）│ 销售的下载│     取的部分利益
              │ 1999年   │         │ 服务     │   - 渠道冲突
              └─────────┴─────────┴─────────┘   - 履约成本
                为库存生产   接单生产  数字化内容生产
```

图 4-4　在线音乐销售机会矩阵

互联网的出现带来了直接向顾客销售的机会，并转移到方框④。由于印度音乐零售业高度分散，主要由家庭式零售商店组成，渠道冲突不是主要问题。对音乐制造商来说，在线销售的好处是无须支付零售商的利润、获得更多的顾客知识和正的流动资金。由于 CD 和磁带的邮寄费用不高，且顾客愿意支付一些额外的运费，所以履约成本并没有抵消在线销售的收益。因此，将销售渠道扩展到网上直销并非难事。

一个名为 HamaraCD 的特殊部门对定制化 CD 做了调查，发现顾客可以从制造商的网站（方框⑤）或零售商店（方框②）选择歌曲。一张定制 CD 的制造成本比预录 CD 要高一些，但没有库存、退货少、允许提供整个目录（没有缺货的情况）等额外的益处足以弥补这一不足。此外，消费者认为定制 CD 的价值要比预录 CD 高出 50%，这使制造商能够收取更高的价格。

3. 寻找数字分销模式

互联网开辟了一种全新的、完全数字化的音乐分销形式。通过让顾客直接从服务器上下载音乐，制作和分销成本都大大下降了（方框③和⑨）。突然间，音乐这种信息产品摆脱了塑料 CD 盒这一实体产品的束缚，也摆脱了管理物质制造和供应链的困扰。不幸的是，由于担心盗版以及需要开发新的商业模式，音乐公司迟迟没有采用数码分销模式。

而现在，留给音乐公司找到这种新商业模式的时间已经不多了。全球唱片业已连续多年萎缩（从 2000 年的 7.85 亿张 CD 下降到 2002 年的 6.81 亿张），而可刻录 CD 的销量在 1999 年至 2001 年间翻了一番以上。[8] 事实上，2001 年是空白 CD 的销量首次超过录制 CD 的一年。[9] 艺术家大卫·鲍伊（David Bowie）指出："我们所认为的关于音乐的一切都将在 10 年内发生变革，没有什么能够阻止这一切的发生……你最好为大量的巡回演出做好准备，因为这可能是唯一不变的独特情况。"[10]

当音乐公司和艺术家起诉在线音乐交换时，苹果电脑公司（Apple Computer）在 2002 年推出了 iTunes 音乐商店。iTunes 允许顾客以每首歌曲 99 美分的价格下载音乐，并将其刻录到 CD 上或在 3 台指定的电脑之间传输。在前两个月里，顾客下载了 500 多万首歌曲，这证明了一个简单的、价格合理的在线服务可以吸引消费者。当宽带易于访问且可靠时，随时随地将音乐流式传输给消费者的订阅服务成为一种可行的商业模式。也许以每月一张 CD 的价格，公司可以通过一个中央服务器向消费者提供无限量的音乐。这种能力可以将音乐产业从一个包装商品行业改变为一个电子分销行业。然而，若想成功，就必须改变现有的行业商业模式。

渠道变迁过程

渠道变迁，即使是向更好的渠道变迁，通常也会造成一定的创伤且很难逆转。因此，在进行渠道迁移之前，需要谨慎地做足功课。成功的渠道变迁由以下四个步骤组成。

步骤1：对现有渠道进行分销策略审查

由于新渠道和现有渠道之间微妙的、相互依赖的关系，在进入任何新渠道之前，公司都应该评估自己在现有渠道中的表现。在没有了解和开发战略来解决现有分销网络中的冲突之前，为什么要急于进入新的渠道呢？不幸的是，许多公司将新渠道视为解决或避免问题的一种方式。例如，日用消费品公司最初认为，互联网能让它们绕过传统零售商直接和消费者接触。

图4-5展示了我提出的分销策略审计工具，它从定量和定性的角度评估公司的分销网络，在许多公司都发挥了效用。

要想充分利用这一工具，公司必须在一定程度上实施作业成本法（ABC），它有助于更精确地估算通过每个渠道提供服务的成本。在巴西的一家快速消费品公司，管理者不断抱怨大型零售商所施加的价格压力。然而，在进行相对简单的ABC分析后他们发现，制造商在通过大型零售商销售时的利润率是最高的。事实上，尽管夫妻店的进货价格是最高的，但制造商在通过夫妻店销售的过程中实际是亏损的。差异在于制造商为这两个渠道提供服务的成本。夫妻店必须得到高水平销售和服务的支持，而大型零售商只需要分配一些关键顾客经理，它们会大批量采购并且有自己的物流部门，不需要公司的任何服务。

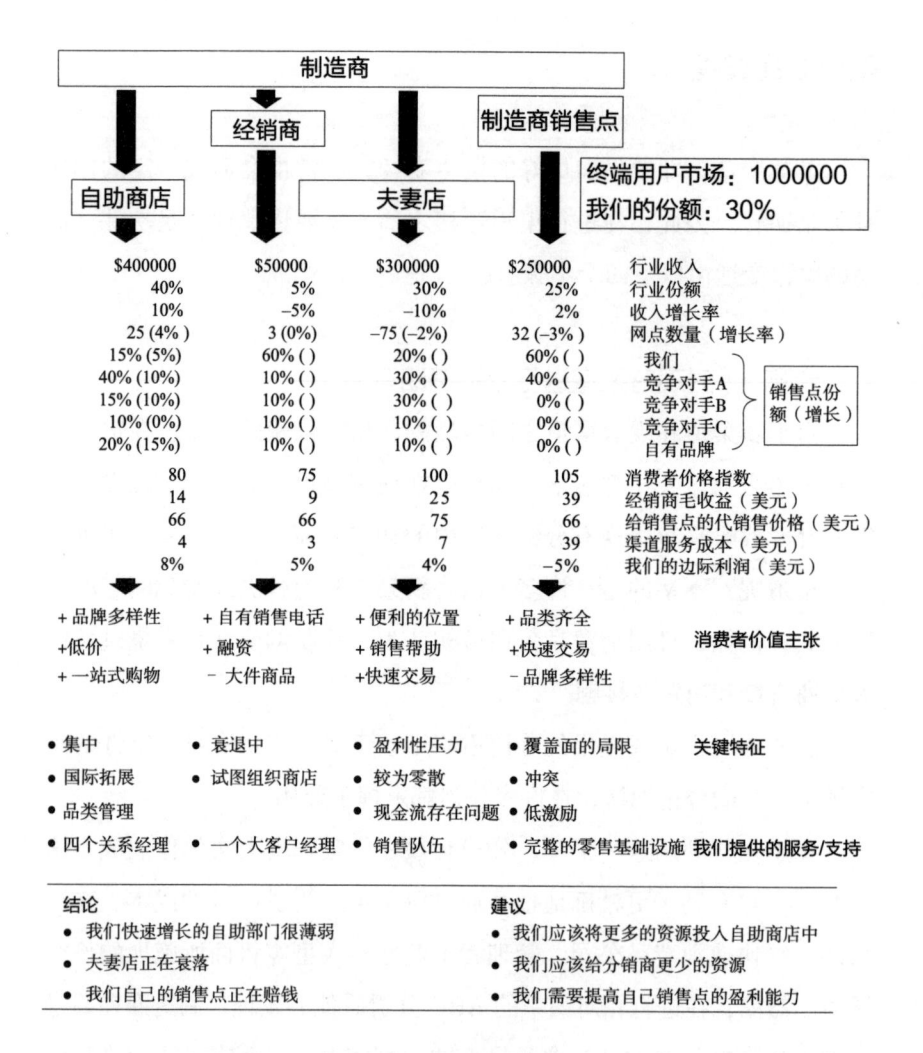

图4-5 分销策略审计

	自助商店	经销商→夫妻店	制造商销售点	
	$400000	$50000	$300000	$250000	行业收入
	40%	5%	30%	25%	行业份额
	10%	−5%	−10%	2%	收入增长率
	25 (4%)	3 (0%)	−75 (−2%)	32 (−3%)	网点数量（增长率）
	15% (5%)	60% ( )	20% ( )	60% ( )	我们
	40% (10%)	10% ( )	30% ( )	40% ( )	竞争对手A
	15% (10%)	10% ( )	30% ( )	0% ( )	竞争对手B
	10% (0%)	10% ( )	10% ( )	0% ( )	竞争对手C
	20% (15%)	10% ( )	10% ( )	0% ( )	自有品牌

终端用户市场：1000000
我们的份额：30%
销售点份额（增长）

80	75	100	105	消费者价格指数
14	9	25	39	经销商毛收益（美元）
66	66	75	66	给销售点的代销售价格（美元）
4	3	7	39	渠道服务成本（美元）
8%	5%	4%	−5%	我们的边际利润（美元）

消费者价值主张
- 自助商店：+品牌多样性；+低价；+一站式购物
- 经销商：+自有销售电话；+融资；−大件商品
- 夫妻店：+便利的位置；+销售帮助；+快速交易
- 制造商销售点：+品类齐全；+快速交易；−品牌多样性

关键特征
- 自助商店：集中；国际拓展；品类管理；四个关系经理
- 经销商：衰退中；试图组织商店；一个大客户经理
- 夫妻店：盈利性压力；较为零散；现金流存在问题；销售队伍
- 制造商销售点：覆盖面的局限；冲突；低激励；完整的零售基础设施

我们提供的服务/支持

结论
- 我们快速增长的自助部门很薄弱
- 夫妻店正在衰落
- 我们自己的销售点正在赔钱

建议
- 我们应该将更多的资源投入自助商店中
- 我们应该给分销商更少的资源
- 我们需要提高自己销售点的盈利能力

步骤2：阐明渠道迁移的战略逻辑

在进入一个新的分销渠道时，一个明确的战略逻辑是渠道迁移决策的基石。以下六个问题将有助于公司评估新分销渠道带来的机会：[11]

（1）新分销渠道对公司目标市场的价值主张有多大吸引力？

（2）公司的目标市场被新渠道吸引的比例是否大到需要我们的关注？

（3）在通过新渠道为顾客提供服务方面，我们是否有一个差异化的价值主张或运营优势？

（4）我们的成本结构和价值网络是否经过优化，以便通过新渠道为顾客提供服务？

（5）新渠道的竞争能够或将要带来什么？

（6）新的分销渠道将如何改变消费者的渠道偏好和现有渠道既定战略？

为了解一个新分销渠道的吸引力，管理者应该为每一个渠道绘制价值曲线，最好能参照市场调查数据。从数值曲线可以看出，所谓的"最佳"分销渠道并不存在。相反，每个渠道都有自己的优势和劣势，也都有自己最适合的细分市场。例如，在图 4-2 中，戴尔直销更适合于耐心的、关心价格的买家，而零售渠道则更适合那些想要测试产品和得到本地服务的顾客。

前三个问题看似相对明显，但新渠道的爱好者往往会忽略它们。对互联网的盲目乐观，很大程度上源于这种管理热情。以 Priceline.com 网站为例，它在网站上销售机票、预订酒店和租赁汽车。[12] Priceline.com 允许顾客在特定日期给出自己的机票报价，然后可以选择接受或拒绝该价格，但不能指定航空公司或起飞时间。这个做法使顾客和航空公司都能受益，消费者通过牺牲一些灵活性而获得非常低的价格，而航空公司以高于边际成本的价格卖掉了过剩的机票。1999 年，Priceline.com 决定将其模式推广到杂货店。

尽管当时人们普遍认为许多产品最终都会在网上销售，但杂货店还是以失败告终了。首先，以折扣价购买一张机票，一年一次或两次，值得等待自己的报价被接受。其次，大多数大型航空公司的座位和服务是相同的，顾客可以接受更换任何航空公司。但在食品杂货方面，消费者对某些品牌有选择偏好，而替代产品则被认为是有差别的。此外，在每次购买时都要计算一篮子各种产品的理想折扣价也太麻烦了。鉴于高边际成本和大多数食品杂货店的库存能力，主要品牌制造商几乎没有什么动力参与：目标市场和相关的价值主张都太小。

1. 当网络效应存在时，利用在线渠道

当前，互联网的热度已经减退，人们可以更加冷静地看待在线销售在哪些方面可以为消费者和营销人员创造价值。互联网最重要的特点是它极大地降低了交易成本，或者说降低了人们和公司之间的联系成本。当连接大批量消费者时，公司的价值也就达到了最大化，有时这被称为"P2P"（个人对个人）或"网络效应"。这也难怪在线拍卖成为最成功的互联网商业理念之一。如果没有互联网，拍卖网站亿贝的商业模式就不会如此有效。

其他利用互联网效应而获利的业务是大型多人游戏（MMPG）和各种中介服务。索尼的《无尽的任务》(*EverQuest*)就是一个例子，超过 43.2 万名用户每月支付 12.95 美元，沉浸在中世纪角色扮演的幻想游戏中。[13] 同样，韩国的 NCSoft 拥有 400 万用户，他们在玩《天堂》(*Lineage*)游戏时可以同时容纳几十万人参与。这让玩游戏的人不再孤独！

考虑到履约成本，在运输成本比产品价格还高的情况下，很难为实物商品创造有利可图的在线模式。此外，有许多产品是消费者更希望能看到、触摸和感觉的，而网上销售的影响力有限。即使这样，网络销售对实物产品也很重要，比如，在给远方的家人和朋友送礼物时，网上销售的重要性就会体现出来。因此，尽管2002年的网上销售额只占美国零售业的2.5%，但美国消费者在年终假日的购物预算中，有17%以上是在网上消费的。[14]

2. 考虑成本和竞争策略

关于成本结构和价值网络的第四个问题的重要性，已经在上述关于渠道迁移对康柏和戴尔的差异影响中得以体现。在线音乐销售的例子也强调了研究新的分销模式对成本和价值链的重要影响。

在制定新分销渠道的战略时，竞争者能够做什么和将会做什么是一个值得考虑的因素。组织内部会有声音主张让竞争者先行动，因为早期进入者通常首当其冲地受到现有渠道的反击。例如，当达美航空开始在线销售并降低旅行社的佣金时，许多独立旅行社发誓要坚决抵制。

经济学中博弈论（对独立参与者之间的互动进行建模）的见解在这里尤其有用。例如，假设一个制造商正在考虑向顾客进行在线直销，那么它必须在增加销量及收益与得罪现有经销商的风险之间取得权衡。最优策略取决于两个因素：(1)管理层预期主要竞争对手会如何应对网络销售；(2)预期的网络销售水平。[15] 这两种情况都需要判断，因为在初期，没有人能够准确预测新渠道的销售水平。

如果网上销售量很少，公司就应该远离这个渠道，并希望其竞争者发起网络销售。当竞争对手遭受渠道的不良影响时，公司就能够利用这种不良影响来提高自己在现有渠道的地位。但是，如果在线销售被证明是可观的，竞争者将会获得重要的先发优势。当然，我们还必须考虑一系列其他因素，比如变革速度。如果在线销售增长缓慢，那么第二进入者仍然可以在不造成传统渠道销量巨大损失的情况下进入市场，同时让第一个进入者解决所有的政治和技术难题。

最后，像互联网这样的分销创新改变了消费者的购物模式。消费者对分销渠道的服务输出需求是随着时间的推移而变化的，特别是在渠道不连续的情况下。管理者应经常思考几个关键问题：(1)现有渠道在多大程度上满足了目前顾客的需求？(2)消费者对渠道变迁的偏好是怎样的（这是一种对不同细分市场的潜在保证）？(3)各渠道成员和竞争对手的策略会发生怎样的变化？(4)我们应该如何改变分销渠道策略以提高自身的价值网络？

步骤3：动员对渠道迁移的支持

在困扰大多数公司的强大惯性面前，一个强有力的渠道迁移战略也可能会失败。以1992年美国固特异轮胎橡胶公司（Goodyear Tire & Rubber Company）为例：固特异过去一直通过自己的全资渠道网点和独立经销商将其轮胎销售到各个替换市场，而没有通过服务站、西尔斯和沃尔玛等大型卖场或山姆会员店等仓储俱乐部进行分销。它的主要竞争对手米其林（Michelin）则通过所有渠道积极推广。[16]

不幸的是，固特异的独立经销商越来越无法与仓储式会员店和巨型零售商的购买力抗衡。因此，越来越多的品牌轮胎市场的份额转移到了这些会员店和巨型零售商那里。由于固特异没有进入后两个渠道，它在品牌轮胎市场上有很大的覆盖缺口。固特异关于通过西尔斯、山姆会员店或沃尔玛销售轮胎的决定遭到了内部和外部的强烈抵制。

核心的问题是，新渠道既威胁到现有渠道的销售量，也威胁到公司内部负责这些渠道的管理人员。这些管理人员的报酬往往与现有渠道的销量挂钩。但除了薪酬问题，在现有渠道中，管理者与同行之间还形成了丰富的人际关系网。这些关系和相应的个人忠诚往往导致人们希望保护现有渠道成员免受任何潜在的销售量损失。为了成功，公司需要一个周全的渠道迁移实施计划。这样一个实施计划应该解决以

下五个问题:

(1) 对问题或机会是否有共同的理解?
(2) 是否有高层管理者的变革授权?
(3) 是否有充分的自下而上的参与?
(4) 是否有详细的时间表和阶段性目标?
(5) 我们是否解决了变革中存在的人际问题?[17]

共享分销策略审计的结果和不断传递渠道迁移背后的战略逻辑构筑起了一致的理解。管理者要求决策的利益相关者参与审计,则更有可能产生共同的理解。然而,在做结论之前,应尽可能地做好市场调查,帮助集中讨论事实,而不是依据未经证实的或一时兴起的观点。

如果分销渠道的迁移对现有渠道的销量产生威胁,那么新渠道将会遭受现有渠道经理的激烈抵制。如果高层管理者授权了这一变革,显然将有助于渠道的迁移。CEO 从来不应宣称现有分销渠道是神圣不可侵犯的。例如,1996 年,卡特彼勒公司的时任董事长兼 CEO 唐纳德·菲茨(Donald V. Fites)曾公开宣称:"我们宁愿砍掉右臂,也不愿绕过经销商直接向顾客销售产品。"[18] 如果顾客的购买行为、竞争环境或公司产品的性质发生了重大变化,这种宣示会大大降低未来的自由度,并将管理者锁定在特定类型的分销渠道中,而不是在消费者希望购买的渠道中。

一旦公司决定退出或进入某些渠道,管理者应该向公司员工征求实施意见,以创造自下而上的广泛参与。此外,渠道结构的重大变化将影响到现有渠道管理者的工作性质和职业生涯。为了帮助这些人应对变革,高层管理人员应该调整报酬,提供培训,并安排新的工作任务。

最后，由于渠道迁移可能需要几年的时间，管理者应该使用一个具有里程碑意义的时间表。该表需要规划公司的销售应该如何在各种渠道之间进行迁移，以便于跟踪进展并进行路线纠正。

步骤 4：积极管理渠道冲突

增加一个新的分销渠道，无论是互联网、新兴的低成本间接渠道，还是新的销售队伍，都带来了增加销售量的潜力，但代价是更大的渠道冲突。渠道冲突的发生是因为现有的渠道认为新渠道是在追逐相同品牌的客户。

正如发生在康柏公司的情况一样，对渠道冲突的过度忧虑会使一个公司面临瘫痪，但一定程度的渠道冲突是健康的。[19] 公司分销网络中没有渠道冲突通常标志着市场覆盖有缺口。事实上，渠道成员所称的冲突其实是健康的竞争。因此，冲突管理的目标不应该是消除渠道冲突，而是管理它，使其不会升级到破坏性的水平。

从制造商的角度来看，当现有的分销渠道由于新渠道的出现而减少了对制造商的支持或是削减了货架空间时，渠道冲突就具有破坏性了。例如，当雅诗兰黛（Estée Lauder）建立网站来销售其倩碧（Clinique）和芭比波朗（Bobbi Brown）品牌时，百货商店 Dayton Hudson 就减少了雅诗兰黛产品的货架空间。在极端的情况下，现有的经销商甚至可能放弃该品牌，就像李维斯开始扩大分销后，Gap 决定停止进货、专注于自己的品牌一样。

当各方为了伤害对方而采取伤害自己的行动时，渠道冲突就变得特别具有破坏性。2002 年，荷兰最大的连锁超市 Albert Heijn 抵制联合利华的一些品牌以报复制造商。虽然这件事很快得到了解决，但 Albert Heijn 可能会失去一些品牌，如 Bertoli 黄酱和 Cif 清洁产品，它们在荷兰消费者中具有很高的品牌忠诚度。虽然没有一种方法是万能的，但还是存在几种渠道冲突管理策略，可以帮助避免在渠道迁移期间和之后的破坏性冲突。这是多渠道营销者应掌握的武器。

1. 针对细分市场定位渠道

由于不同的渠道有独特的价值曲线，它们能到达不同的细分市场。因此，拥有多种渠道的理论基础应该是建构在明确的终端用户细分战略之上。例如，雅芳（Avon）在美国长期使用50万直销代表销售其化妆品，当它在商场开设零售点时，它发现在零售点购买产品的顾客中有90%以前从未从雅芳购买过产品。[20] 零售点正在接触一个新的顾客群体。

当便利店向制造商抱怨沃尔玛销售其产品的价格时，制造商必须让便利店明白，它们无法在价格上与沃尔玛竞争追求低价的顾客。相反，便利店必须以合理的价格为消费者节省路途、购物和交易处理所需要的时间。它们服务于两个不同的细分市场，各方都应该专注于自己的目标细分市场。当然，品牌所有者应该平衡分销渠道内分销点的数量和渠道所覆盖的细分市场的规模。

2. 将产品和品牌分给渠道

管理渠道冲突的一个普遍方法是将部分产品系列专门用于特定的销售渠道。许多公司管理渠道冲突的方法是：为其工厂直销店开发特殊产品，以减少与百货商店的冲突。同样，许多奢侈品牌公司，如卡慕（Camus）干邑和吉利莲（Guylian）巧克力，在免税店提供特殊的包装尺寸和吸引旅客的产品，以减少与常规街头零售商的冲突。在互联网上，制造商可以提供零售商一般不愿意出售的单品。在极端情况下，一些制造商将不同的品牌专门用于不同的渠道，有时称之为渠道品牌。例如，瑞典的旅游运营商MyTravel以前直接分销其Ving品牌为旅行社开发的Always品牌。同样，美林证券（Merrill Lynch）只允许第三方销售 Mercury 基金，而美林基金则被限制在内部销售。

尽管拥有独特的渠道产品或品牌有时被视为应对渠道冲突的一个解决方法，但这种方法往往是不可持续的。除非产品或品牌只针对那些在特定渠道购物的顾客或不受欢迎，否则其他分销渠道很快就会要求获得这些产品。旅行社经过多年的恳求，才获得了非常成功的 Ving 品牌。Ving 扩展到旅行社后迅速提高了销量。据统计，那些通过旅行社购买 Ving 的客户中，有 80% 之前从未购买过 Always 或 Ving。类似地，2003 年美林证券决定关闭 Mercury 品牌，将这些资金整合到美林公司内部。

3. 拓展销售渠道和提高销售额

拥有一个新的"热门"产品有助于促进渠道迁移。固特异通过限制将新的 Aquatred 轮胎分销给独立的经销商，在合理的冲突范围内将渠道迁移到大型零售商。这让独立经销商可以通过高利润、高价值的排水轮胎来保护其盈利能力和销售量。在收入增长的同时，现有经销商扩展渠道相对比较容易，因为他们的绝对销售额和利润不太可能下滑。

4. 采用双重补偿和角色差异化

为了减少渠道冲突，一些制造商同意通过新渠道实现的销售额来补偿现有渠道，虽然这可能被认为是在收买现有渠道对渠道迁移的支持。例如，当 Allstate 保险公司开始在网上直接销售保险时，它同意给经纪人 2% 的佣金，只要他们给从网上获得报价的顾客提供面对面的服务。由于这低于经纪人通常从线下交易中获得的 10% 佣金，许多经纪人不喜欢它，但这确实有助于缓解负面影响。

许多制造商无法回避在互联网上直接进行销售，因为消费者正在寻找这种分销方案，但它们缺乏物流能力来充分满足消费者。使用现有的渠道合作伙伴不失为一种有用的补充。例如，Maytag 公司与它的零售伙伴联合起来提供在线销售。在消费者决定购买电器后，他会得到当地经销商提供的可用性信息和价格信息，还会提供安装服务。同样，李维斯公司发现，处理在线退货的成本太高，而且消费者更愿意把产品退回到实体店。因此，它停止了 Dockers 网站上的销售，而让彭尼百货（J. C. Penney）和梅西百货（Macy's）在其网站上销售李维斯牛仔。

5. 避免过度分销

对制造商来说，扩大分销点的数量以增加销售是一种诱惑。一般来说，品牌的分销点越多，每个分销点对该品牌的支持就越少。因此，那些需要高水平服务的名牌产品，必须注意不要过度分销。过多的渠道会导致消费者太少，从而对销售产生不良影响。

Bang & Olufsen（B&O）是丹麦电子行业中一家大型的高端企业，因其独特的包豪斯风格设计而闻名。但在 20 世纪 90 年代初，B&O 曾濒临破产。有太多的零售商将 B&O 的产品放在竞争品牌旁边销售，因此顾客的注意力经常只集中在价格上。由于无法获取足够的利润，零售商降低了对 B&O 产品的服务支持，这进一步削弱了该品牌作为奢侈品的地位。1994 年至 1997 年期间，B&O 在欧洲削减了三分之一的经销商，并将其在美国的经销商数量也从 200 家降至 30 家。然后，它投资改善了剩余的经销商，建立了部分自有和特许经营的精品店，专门销售 B&O 产品。更严格的控制和更专一的零售商帮助 B&O 重新树立起了顶级视听品牌的地位。尽管经销商数量减少了，销量却出现反弹。

6. 平等地对待各个渠道

尽管有上述办法，在多个渠道通常以不同的价格水平进行销售时，也会出现渠道冲突。一些零售商会对它们支付给制造商的价格高于其他零售商或直销人员而感到不满，往往会觉得制造商在牺牲它们的利益而偏袒其他渠道。尽管它们可能永远无法完全克服这些顾虑，但最好的解药是以一种透明的方式公平对待各个渠道。如果制造商的价格在不同的渠道之间存在差异，应该是基于特定渠道的表现。乐购和沃尔玛确实从制造商那里得到了较低的价格，这是因为它们的销售表现（大量购买、允许电子交易、不要求店内帮助和促销）降低了制造商的服务成本。

◆ 本章小结

一个新分销渠道的出现会引起一些关于公司、公司竞争对手、现有渠道和顾客的问题（见下文的"渠道迁移清单"）。任何稳健的渠道迁移过程都必须解决这些问题。

分销渠道的创新通常承诺为被忽视的客户群体提供服务、提供价值主张，或使用更有成本效益的商业模式。例如，像Office Depot这样的办公用品超级市场发现了一个空白市场，因为其他办公用品经销商给小企业客户的服务很差。Priceline为那些愿意放弃航空公司品牌和出行时间偏好的人提供了一个新的价值主张，即更便宜的机票。

老牌公司总是专注于保护现有的分销资产和价值网络，当新的分销渠道提出挑战时，它们往往不会给出回应。[21]当行业分销结构发生变化时，传统的行业领导者一再地忽视增长最快的细分市场。新的分销机会很少符合行业之前接近市场、定义市场或组织其价值网络以服务市场的方式。因此，分销领域的创新者很有可能会在很长一段时间内被孤立。老牌公司的管理者面临的问题是，他们必须牺牲自己的盈利业务，从新兴渠道获取可疑的回报。如果他们不这样做，他们的竞争对手就会这样做。

在评估渠道迁移的紧迫性时，必须考虑渠道迁移的速度。分销策略的内部变化速度必须与消费者渠道偏好的外部变化速度相匹配。只有在CEO同意和支持的情况下，老牌公司的渠道迁移才会发生。迁移的"引擎"必须是消费者的购物模式和偏好，但CEO必须为这个"车轮"加油。正如一位CEO在渠道变迁的过程中所讲的："我们终于决定停止在我们想卖的地方销售，而是开始在顾客想买的地方销售。"历史表明，大多数公司在不断衰退的分销网络上停留的时间过长。

| 渠道迁移清单 |

顾客

- 新渠道将提供哪些服务？
- 新渠道将针对哪些细分市场？
- 新渠道将适用于哪些市场？
- 新渠道将增加多少额外的行业容量？

渠道

- 现有渠道的重要性和影响力将会如何变化？
- 现有渠道将对新渠道做出怎样的战略反应？
- 新渠道会产生什么程度的冲突？

竞争者

- 哪些竞争对手会进入新渠道？
- 竞争者在现有渠道成员的激励方面会尝试哪些改变？
- 相关的市场占有率将如何变化？

- 在新渠道中成为领导者、快速跟随者或落后者的意义是什么？

公司
- 哪些产品和服务将通过新渠道销售？
- 通过新渠道提供服务的成本将是多少？
- 公司需要哪些新的能力来进入新的渠道？
- 公司将如何管理渠道冲突？

|第 5 章|
从品牌"推土机"到全球分销伙伴

任何公司都不是一座孤岛。

从历史上看,分销渠道控制权是由位于上游的菲利普·莫里斯国际公司和莎莉集团这样的品牌营销者,福特汽车公司和卡特彼勒公司这样的制造商,以及麦当劳和百事可乐这样的特许经营者掌控的。与这些跨国供应商相比,大多数零售商、经销商和特许经营商都是地方性的和零散的。各国的分销业中都有一个庞大的个体经营部门,在零售业内它也被浪漫地称为"夫妻店"。因此,零售业以及一般意义上的分销业获得了一种简单且不成熟业务的形象,不值得那些才华出众、训练有素的人才(学者或名校的 MBA)多加关注。

在这种环境下,供应商组织针对与弱小而敏感的地方分销伙伴的业务关系进行了优化。在结构方面,制造商和特许经营商普遍围绕产品和国家进行分销。而在政策和实践方面,这些供应商倾向于运用它们对经销商极具优势的强制力实现分销目标。

在过去的 20 年里,分销渠道的控制权发生了巨变,从供应商向下游的分销商和零售商转移。经销商渠道影响力不断增强的动因是横向买方联盟、零售巨无霸（如品类杀手和超级市场）以及并购的兴起。一些最重要的并购活动已经呈现出跨国兼并的趋势。如今，阿霍德（Ahold）、家乐福和沃尔玛等大型零售商的全球收入超过了知名品牌制造商或至少与之比肩。

随着分销的加强，制造商的大部分销售额集中到少部分客户身上。2000年对37家快速消费品制造商的一项研究表明，平均而言，前5大国际客户贡献了制造商32%的销售额，而5年前只有21%，未来5年将增加到45%。[1] 当这5家最大的全球零售商几乎占据该供应商业务的一半时，它们将会对供应商具有巨大的谈判影响力。

由于制造商给同一产品的定价在各国之间的差异可能达到60%，全球零售商不断地要求全球统一的价格，这让供应商感到惶恐不安。沃尔玛国际部董事长兼CEO约翰·门泽尔（John Mentzer）宣称："通过全球采购（global sourcing），我们获得了世界最好的产品，拥有了全球最合理的库存，同时能充分利用我们的供应链，最终实现我们所称的全球透明定价。对我们而言，透明定价指的是考虑运费、关税和地方差异因素后的相同定价。"[2]

零售商所采取的全球定价政策对制造商产生了显而易见的影响。譬如，作为世界第二大零售商，家乐福在全球33个国家开展业务，坚持认为一家领先的快速消费品公司应使用任一国家的最低定价作为每个国际单品的全球价格。据快速消费品公司估计，如果家乐福能够为每个国际单品选择最低价，那么它每年从家乐福获得的销售额将减少700万欧元，而多数快速消费品公司很难获得7%的税后销售回报率。

通过强大的国际分销商或零售商为终端用户提供服务，要求制造商围绕顾客和关系而不是国家和产品重新调整自己的组织。如本章所讲，为更加有效地利用全球零售商，需要在战略、组织结构、信息系统、人力资源管理方面实现转型，最重要的是具备一种全新的思维模式。

可以预见，尝试开展此项变革的管理者将会面临来自内外部的巨大阻力。大型制造商和特许经营商的 CEO 往往无法理解渠道合作伙伴为何对他们缺乏信任。此外，必要的组织变革往往会破坏公司内部个人和部门之间微妙的权力平衡。一家快速消费品公司的现任 CEO 很好地阐述了这种转型挑战："我们的确是一个多部门、多职能、多国、多产品和多工厂的公司，可这不应该是顾客的问题。"

为了实现组织的彻底改造，公司需要充足的资源和一位尽心尽力的变革型领导者，通常是 CEO 或 CEO 公开支持的人。如今，由于上述价格压力威胁到公司的整体利润，CEO 自己也常常在努力应对全球零售问题。

来自全球零售商的挑战

近年来，全球零售业实现了大幅增长。例如，阿霍德、家乐福和麦德龙分别在 25 个以上的国家开展业务；阿尔迪（Aldi）、欧尚（Auchan）、德国西部采购合作社审计协会（Rewe）、乐购和沃尔玛在 10 个或 10 个以上的国家开展业务。虽然上述零售商大都具有快速消费品行业的特点，即变革对供应商的影响是最大的，但我们可以从服装、化工、娱乐、金融服务、油漆和个人电脑等众多行业中看到这些趋势——分销强化、全球化程度提高、终端销售能力增强以及价值向下游转移。请参考以下跨国案例：

（1）以自有品牌运营的全球零售商包括亚马逊、玩具反斗城（Toys "R" Us，在 27 个国家拥有超过 1600 家商店）、时装零售业的 H&M（在 17 个国家拥有 840 家商店）和家居业的宜家家居（在 30 多个国家有 150 多家商店）。[3] 在美国以外，百视达（Blockbuster video）在 27 个国家有2600多家商店；星巴克在22个国家开设了900家咖啡店。[4]

（2）英国零售商翠丰集团（Kingfisher）是一家通过收购而成长起来的新兴全球零售商，经营着一系列的品牌组合。在家居装修领域，翠丰在15个国家拥有约600家商店，包括英国的B&Q、法国的Castorama和Brico Dépôt、加拿大的Réno-Dépôt、波兰的NOMI和土耳其的Koctas。它还在7个国家拥有约650家电器零售店，包括法国的Darty和But、英国的Comet、比利时的New Vanden Borre、荷兰的BCC、德国的ProMarkt等。[5]

（3）Tech Data于1998年通过收购德国的Computer 2000 AG跻身《财富》100强公司。截至2003年1月31日，该公司的年销售额为157亿美元，同时为IBM、思科等全球10万多家供应商分销与微机相关的软件和硬件产品。[6]

零售商对制造商提出的挑战

全球竞争者的出现已使零售业蝶变为一个技术密集、系统驱动的行业，其复杂性甚至令美国国家航空航天局（NASA）的标准都相形见绌。零售商不满足于仅做批发，它们已开发出优质的自有品牌。

强大的全球零售商对跨国品牌供应商提出了更多的要求，想要通过规模效应、协同效应和快速响应获得更多收益。这可以理解为：通过脱颖而出的产品和与众不同的营销理念满足差异化的需求；通过标准化的后勤职能提高效率；或者从像雀巢或联合利华这样的品牌供应商那里获得知识，因为它们在新兴市场业务拓展方面拥有相对丰富的跨国专业知识。[7]

在全世界的每个角落，顾客都期望享受到便捷、快速、稳定且优质的服务，以及受到特别的关注。这种期望要求制造商提供单一的联系点、统一的贸易条件，以及全球标准化的产品和服务。

零售商的全球采购战略促使制造商提供价格优惠，并提高在贸易促销费、进场费和赔偿费上面的支出。例如，一家向家乐福供货的小型床上用品供应商曾抱怨说："我们每年必须支付年销售额的4%才能继续维持合同。除此之外，还有每年5次、每次收取约200欧元的所谓的'节日费'，外加100欧元，被称为'店铺运营费'的固定费用。"[8]

世界各地的顾客都不愿听到他们得到的不是最低的价格。他们要求更统一、更透明的全球价格。然而，跨国制造商以当地成本或竞争性考虑为借口，给相同或相近产品的定价在不同国家之间存在显著差异，这导致出现了有趣的甚至是尴尬的局面。例如，乐购于2000年收购了波兰一家拥有13家分店的小型连锁超市——Hit，该超市从其供应商那里得到的采购价格比乐购还低。可怜的供应商代表不得不向乐购管理层解释其全球定价结构的逻辑。

全球一体化给零售商带来的挑战

长期以来，零售商（特别是食品零售商）都认同这样一个观点，即所有零售都是地方性的。家乐福董事长兼CEO丹尼尔·伯纳德（Daniel Bernard）指出："零售是其所在国家的形象。你必须使你的食品和其他产品适应当地的文化。"[9] 由于这种去中心化的观点，全球食品零售商仍在学习如何充分利用其全球业务。例如，虽然它们可能会在自有品牌和品类管理方面集中做出更多的决策，但其实际的全球一体化水平相当低。大多数全球食品零售商还没有在全球范围内集中控制其采购职能。目前，它们喜欢的是收取代理佣金（overriders）——大体上是供应商从全球零售商的销售额中给零售商总部一定比例的回扣。

与许多其他全球零售商一样，家乐福正试图整合其全球业务。然而，目前它还不能提供所有 33 个国家的详细基准数据——根据最近的统计，只能获取到 23 个国家的数据。就采购而言，家乐福已经整合了其非食品商品，但仍从当地采购食品。

令制造商感到遗憾的是，零售商认识到全球一体化是其面临的关键挑战。阿霍德公司的 CEO 指出："在未来三年内，各个连锁超市必须达成更多的协同效应。它们的采购将完全集中，由一个中心来采购易腐物品，并与餐饮服务业务衔接起来。"这种观点在全球零售商中非常流行，这意味着品牌制造商的日子只会越来越难过了。

培养一种关系思维模式

为实施全球客户管理，供应商与其全球零售伙伴必须建立一种共享的关系—建构的思维模式。不幸的是，人类的本性使得我们利用自己的相对权力对付其他参与者。从图 5-1 可以看出，当供应商强大而零售商弱小时，前者倾向于胁迫后者。从历史上看，制造商就曾这样做过，把它们的品牌和促销计划强加给零售商实施。但随着零售商变得强大、颇具对抗性，又把弱小的制造商变成了争夺货架的竞标者。

	弱	强大和对抗	强大且合作
制造商 强	品牌推土机	拔河拉锯战	战略伙伴关系
制造商 弱	机会型耦合	货架竞标者	填补品种空白

零售商

图 5-1　制造商—零售商关系矩阵

资料来源：Adapted from Peter M. Freedman, Michael Reyner, and Thomas Tochtermann, "European Category Management: Look Before You Leap," *McKinsey Quarterly* 1 (1997): 156–164.

在新的现实情况下，零售商和制造商之间的关系显然需要改观。参照图 5-1 的框架，强大的制造商已经从"品牌推土机"转变为与零售商"拔河"的关系。挑战在于最终将这种关系转变为一种"战略伙伴关系"。宝洁公司和沃尔玛关系的嬗变是一个绝佳的实例，阐明了这一关系是如何通过三个阶段发生演变的。[10]

两个强硬的公司学会"共舞"

据传言，宝洁和沃尔玛两家都是强硬的谈判者。长期以来，宝洁通过详尽的消费者调查为其品牌争取更多的货架空间，并已经挥舞巨剑支配整个行业多年。在零售商开发出先进的销售点系统生成自有数据之前，它们无法对宝洁的调查结果提出异议。多年来，宝洁公司被公认为"行业内自我扩张的恶霸"。

沃尔玛则要求其供应商提供最低的价格、额外的服务和优惠的信贷条件。1992 年，它制定了一项直接与制造商打交道的政策，即只与那些购买了定制的电子数据交换（electronic-data-interchange）技术，为其产品贴上条形码的制造商打交道。依赖于沃尔玛所带来销量与增长的制造商自然按章行事。

正如人们所料，宝洁公司最初强行规定沃尔玛在什么条件下按何种价格销售会卖出多少宝洁的产品。作为回应，沃尔玛威胁说要减少宝洁的商品，或将这些商品陈列到较差的货架位置。双方既没有共享信息资源，又没有开展联合策划，更没有追求系统协调。在 1987 年之前，宝洁公司的高管从不与沃尔玛接触。沃尔玛创始人山姆·沃尔顿（Sam Walton）曾说："就让我们的买家与他们的销售员一决雌雄吧。"[11]

20 世纪 80 年代中期，这种敌对关系开始发生变化。在一次现在看来颇具传奇色彩的独木舟旅行中，山姆·沃尔顿和宝洁销售副总裁卢·普里切特（Lou Pritchett）达成一致，打算重新审视两家公司的关系。他们将自家公司中最重要的10名高管召集到一起，双方用两天时间制定了一个面向未来的集体愿景。在紧接着的3个月时间里，他们组建了由12名来自两家公司不同职能部门的职员组成的团队，并将上述愿景转化为行动计划。该计划详细考察了如何利用信息技术在减少双方支出的同时提高销量。

最终两方建立了一个先进的高效消费者响应（ECR）合作关系。这种合作关系使宝洁能够管理其在沃尔玛销售的任一产品的库存，如宝洁的帮宝适尿布。宝洁通过卫星连续收到关于不同尺寸的帮宝适在各个沃尔玛商店的销售、库存和价格的数据。这些信息使宝洁能够预测帮宝适在沃尔玛的销售情况，据此确定所需的货架数量及产品量，并实现自动发送订单。整个交易周期以电子发票的开具和电子资金的转账为结束。较短的订单交付周期（order-to-delivery cycle）使宝洁在消费者购买帮宝适不久后就能收到由沃尔玛支付的相应货款。[12]

这种合作关系不仅使顾客享受到了更低的产品价格，还提供了更多深受消费者喜爱的宝洁公司的产品，为广大消费者创造了巨大的价值。通过合作，两家巨头摒弃了与订单处理、账单及付款相关的非必要活动，降低了销售电话的数量，还大幅度压缩了文书工作，并减少了出错的可能。无单（orderless）的订单系统也让宝洁能够根据需求而非库存生产商品。此外，沃尔玛同时降低了帮宝适的库存和商品脱销的可能性，从而避免了双方的销售损失。得益于双方的合作，两家公司将一场"输赢对决"转变为双赢格局，都降低了成本并增加了营业收入。21世纪初，沃尔玛成为宝洁最大的客户，为其创造了约70亿美元的销售额，占宝洁公司全球收入的17%以上。

在过去的15年里，两家巨头在相互依存的基础上建立了伙伴关系：沃尔玛离不开宝洁这一品牌，宝洁也需要沃尔玛的顾客。诚然，这种互信互赖关系的构建经历了阵痛，而这恰恰成为制造商—零售商共生关系的基准：沃尔玛充分信任宝洁，愿意与其共享销售和价格数据，并把订单流程和库存管理的控制权让渡于对方。宝洁对沃尔玛有足够的信任，给沃尔玛配备了一支庞大的跨职能团队，采取每日低价活动策略（从而淘汰了特价促销活动），并为其购买专属的通信线路。宝洁团队的注意力并没有集中于增加对沃尔玛的销售额，而是专注于如何通过沃尔玛提升宝洁产品的销量，从而追求两家公司的利润最大化。

在分销关系中建立信任而非恐惧

宝洁和沃尔玛的合作关系表明，利用自身在分销渠道上的控制力短期内会使公司受益，但长期看并非如此，这主要有三个原因：[13]

首先，随着分销渠道控制权的更迭，持续从对方不得已的让步中榨取利润的做法会给对方带来负担。例如，在瑞士的连锁超市米格罗斯（Migros）成立之初，大型品牌制造商拒绝向其供货，因为它们不想得罪那些有着长期合作传统的"夫妻店"零售商。在没有品牌产品供应的不利情况下，米格罗斯走上了完全自有品牌的道路。如今，米格罗斯已经是瑞士最大的零售商，它的自有品牌占其总销售量的90%。在它的货架上，你甚至找不到像可口可乐和雀巢这样的大品牌。

其次，当公司有计划有步骤地利用其优势地位时，来自利益受损方逐渐增强的抗衡力量终将奋起反抗。例如，汽车经销商和加盟商团结起来成功地游说欧洲和美国的立法者通过特殊的立法，以此管束福特或麦当劳这样的特许商对它们采取的制裁或劫掠行为。服装设计商，如乔治·阿玛尼（Giorgio Armani）、雨果·博斯（Hugo Boss）、丽诗·加邦（Liz Claiborne）和唐娜·卡兰（Donna Karan）开设了自己的专营店，以避开常常强行单方面地退回产品、从制造商发票中扣除折扣、延期付款的百货商店。

最后，只有通过互信互惠的密切合作，制造商和经销商才能为终端客户提供最大的价值。虽然管理者在分销渠道中经常使用"信任"一词，但他们往往不能精确地定义它。值得依赖和诚心诚意是信任不可或缺的组成部分。[14]

一个值得信赖的分销伙伴是真诚而可靠的。例如，某制造商与一家零售商签署的全球促销协议，其费用比在各个国家逐一开展促销活动还要高。[15] 然而，这家零售商却未能在其全球所有门店有效地执行促销方案。

仅仅值得信赖还远远不够。那些发誓要惩罚其合作伙伴并随后说到做到的人的确是诚实正直的，但不值得信任。在互信关系中，双方坚信彼此都关心对方的利益，并会考虑到其行为给对方造成的影响，即双方都会以善意行事。

信任制造商的经销商和零售商大概率不会寻找其他供货渠道，它们更有可能努力实现销售并宽容对待制造商。[16] 例如，耐用消费品行业中那些信任制造商的经销商，为其制造商创造了78%以上的销售额。[17]

鉴于信任带来的益处，即使那些具有品牌"推土机"潜质的供应商也应该尝试与经销商建立互信关系。然而，以信任而非权力为基础去管理分销关系，需要在思维模式和文化认知方面有一个飞跃（见表5-1）。

表5-1 权力博弈与信任博弈

	权力博弈	信任博弈
工作方法	制造恐惧	创造信任
指导原则	·追求一己之利 ·赢—输对决	·追求公平公正 ·双赢局面
谈判策略	·通过让合作伙伴之间相互竞争而避免过度依赖 ·通过增加转移成本（switching costs）限制合作伙伴，保证自身的灵活性	·通过限制合作伙伴的数量来创造相互依存关系 ·双方通过专门的投资彰显承诺，这将巩固两家公司的合作

续表

	权力博弈	信任博弈
沟通	以单边为主	双边
影响	通过强迫手段	通过专业知识
合同	• "封闭的"，或正式的、详细的、短期的	• "公开的"，或非正式、长期的
	• 频繁进行比价	• 偶尔检查市场价格
冲突管理	• 通过详细的合同减少潜在的冲突	• 选择价值观相似的合作伙伴；通过相互增进了解减少潜在冲突
	• 通过法律制度消解冲突	• 通过调解或仲裁等程序消解冲突

资料来源：Adapted from Nirmalya Kumar, "The Power of Trust in Manufacturer-Retailer Relationships," *Harvard Business Review* (November–December 1996): 92–105.

在关系中采用公平原则

为建立信任，实力强的一方必须公平对待实力稍弱的一方。公平包括两种不同类型的正义：分配正义（distributive justice）——结果上的公平；程序正义（procedural justice）——政策和实践的公平。[18]

1. 分配正义

分配正义是指一方对其从伙伴关系中所获收益与结果是否公平的看法。它涉及"分蛋糕"，即伙伴之间利益和负担的分配。适当补偿渠道合作伙伴，让它们获得公平的回报，其效果不会立即显现，却能够带来长远的收益。例如，几年前，别克汽车的顾客满意度一直高于奥兹莫比尔（Oldsmobile），尽管它们是在同一个通用汽车工厂中生产的。

原因何在呢？别克汽车向其经销商支付的每小时保修费比奥兹莫比尔多15美元。当顾客因一个小问题找到奥兹莫比尔的经销商时，经销商总回答说："所有的车都有这样的毛病。"别克的经销商则会解决顾客的问题。经销商如何对待顾客是影响顾客满意度的因素之一。

2. 程序正义

程序正义指的是"正当程序"，即一方对其弱势合作伙伴的程序和政策是否公平。分销中程序正义制度基于以下6个原则：

（1）双边沟通原则，指公司愿意与渠道伙伴进行双向沟通。分销渠道中实力较强的公司往往不愿听取系统中其他成员的意见。那些营造信任关系的公司创建了征求渠道伙伴意见的惯例。例如，在安海斯－布希公司（Anheuser-Busch），董事长每年至少要会见由15名成员组成的批发商小组4次，听取他们的投诉与建议。

（2）公正性原则，指公司给所有渠道伙伴制定一视同仁的渠道政策。虽然每个渠道伙伴难以享受到相同的待遇，但可以让它们享有平等的机会。

（3）可反驳性原则，指较小的或相对弱势的合作伙伴有权对强势方的渠道政策或决定提出上诉。卡特彼勒、杜邦（Dupont）和3M等制造商都设立了经销商咨询委员会，经销商代表可在会上畅谈自己的想法与顾虑。

（4）解释原则，指为自己的合作伙伴提供前后一致、逻辑连贯的渠道政策和决策。它呼吁合作伙伴之间提高透明度。

（5）熟悉原则，指充分了解渠道伙伴运营所在地的情况。在与一个新的制造商建立伙伴关系之前，玛莎百货（Marks & Spencer）会多次造访该制造商的工厂，并与其买家、商家和设计师开会交流。

（6）谦恭原则，指尊重合作伙伴。归根结底，公司间的关系实际上是团队成员间的关系。认清这一现实的管理者正在改变他们向不同老主顾指派业务员的方式。涂料制造商宣伟公司（Sherwin-Williams）让西尔斯罗巴克公司（Sears, Roebuck and Company）的管理者们帮忙从本公司中选出负责与西尔斯开展业务的合适人选。

分配正义和潜在的巨额回报通常会吸引公司建立一种关系，但将这种关系维系在一起的是程序正义。通过让合作伙伴获得比从竞争对手那里更多利润的方式留住它们，这样做的代价是高昂的，因为竞争对手很快就会给它们同样的收益。建立程序正义体系需要付出更多的努力、精力、投入和耐心，甚至可能需要组织文化的变革，但这也更有可能为企业赢得持续性竞争优势。

实施高效消费者响应（ECR）计划

ECR 是一项战略性举措，零售商和制造商紧密合作以削减成本，为消费者提供更优惠、更便捷、更优质的服务。1992 年，很多超市与其供应商欣然接受了 ECR，将其作为优化供应链和提高竞争力的有效手段，能够更好地与美国的沃尔玛和德国的阿尔迪这样的折扣商争夺市场。[19] ECR 包括快速反应模式、连续补货、越库配送（cross-docking）、电子数据交换（EDI）和供应商管理的库存系统。一家零售咨询公司——博楷（Kurt Salmon），受托记录压缩成本的潜在可能。该公司发现，ECR 可以将超市分销链的成本降低 11%，这在美国相当于 300 亿美元，在欧洲相当于 500 亿美元。作为一个跨职能的计划，压缩成本的潜在可能源于以下几个方面：优化产能利用率；在营销中降低推广费用和减少新产品失败率；降低采购过程中的管理成本；提高物流系统中仓储和货车的利用率；削减行政人员和会计人员的数量；提供商店每平方英尺①的销售额。如此看来，制造商和零售商都对ECR抱有极大的热情也就不足为奇了。

尽管供应商广泛采用了ECR，但他们的CEO对ECR抱有的幻想已经破灭。最大的一家快速消费品公司的CEO说："ECR有为公司多赚过1美元吗？我可从来没见过。"[20] Sainsbury's是英国两大零售商之一，其供应商的研究发现：在供应商与Sainsbury's合作过程中，ECR的使用程度越高，供应商获得的营业额和利润率越大，并实现了更快的增长。[21] 然而，他们还声称受到了不公的待遇。这些发现解释了供应商CEO的普遍看法：它们并没有从ECR中获益。客观来讲，供应商的确从ECR中取得了收益，但与零售商所获得的回报相比，这些收益相对较少。然而，尽管幻想破灭，但供应商应该在采用ECR的同时接受这样一个事实：与全球零售商相比，它们的回报份额将很小。

以顾客为中心的全球客户管理

尽管一些公司在全球客户管理方面进展迅速，但多数制造商一直在被动应对，而不是主动出击。无数的内部制约因素限制了它们对全球客户进行重组。历史上，像联合利华和雀巢这类分权型公司的权力掌握在区域经理手中。像宝洁这类集权型公司，大部分权力掌握在业务部（通常是围绕产品部组建的）经理手中。

以顾客为中心的全球客户管理要求为每个全球顾客提供单一的战略性用户界面，由业务部和区域分部为每一位顾客提供支持并向其报告。要提供一个集成的解决方案，供应商需要深入理解世界范围内的每一个零售商，还要更好地协调其覆盖全球的销售和供应链运营。

---

① 1平方英尺 ≈0.093平方米。

营销方案和供应链必须以顾客为中心，而不是以区域为中心。实施涉及相关责任的转移，从而伴随着权力失衡——这就亟须解决好是对全球客户最有利还是对区域分部最有利之间的冲突。[22] 随之而来的涉及顾客归属问题、如何绩效评估，以及适度激励的权力斗争似乎造成了资源浪费，但它们是真实存在的现象。公司必须迅速采取行动，将控制权移交给中央，以解决自身的内部问题。为满足全球零售商对高效和低价的要求，制造商必须进行重组，以通过组织、工作流程和信息的复杂性来减少潜在损失。

在服务全球顾客的过程中，杂货零售业所面临的转型挑战同样存在于其他行业。全球客户管理在许多行业都很普遍，比如广告、航空、审计服务、汽车零部件、酒店、保险、石油、软件服务和电信。案例包括：

- IBM 在全球范围内解雇了 40 多家广告公司，并将价值 4 亿至 5 亿美元规模的全部客户整合给了奥美集团（Ogilvy & Mather）。[23]
- 盖茨公司（Gates）是传动带行业的领导者，它为世界各地的通用汽车工厂提供装备。
- 德勤（Deloitte）会计师事务审计多家跨国公司的账目。

当全球客户供应商在当地的办事处是独立实体（如审计、广告或咨询公司）时，为全球顾客提供服务便成为一个棘手的问题，需要转变为由一个人或一个团队来协调在世界范围内为跨国顾客服务的活动，此种变革对跨国公司而言是一项艰巨的任务。在大多数公司中，不温不火地围绕区域和产品建立全球客户管理并没有达成符合现实需要的整合。如此下去，情况只会更糟，特别是当零售商建立了全球供应商团队来监控供应商的全球客户团队的时候。为了回应来自全球零售商的挑战，制造商需要在整体战略、组织结构、信息系统和人力资源管理等多个层面开展变革。

战略转型

对全球客户来说，没有什么比充分开发、清晰明了的战略方案更实用了。当大客户经理和客户开发团队负责人直接与全球零售商面对面，并顶着向零售商提出的所有要求让步的巨大压力时，战略方案会为他们提供明确指导。一个明晰的战略使他们有信心对重要的全球客户说"不，我们不会这样做"，因为他们有公司高管的支持并得到了公司的授权。

为全球大客户——占公司总业务25%~50%的10个左右的客户——开发战略愿景和要旨必须是CEO和高管层的责任。对CEO来讲，不积极参与这一过程的代价太大了。图5-2显示出一家制造商尝试从两个维度理解其在全球最大的12家零售商客户：零售商对制造商的吸引力（如销量增长或对制造商的态度），以及零售商在其国际业务上的协调程度。一家制造商客户业务开发团队的两名经理指出了明晰战略带来的好处：

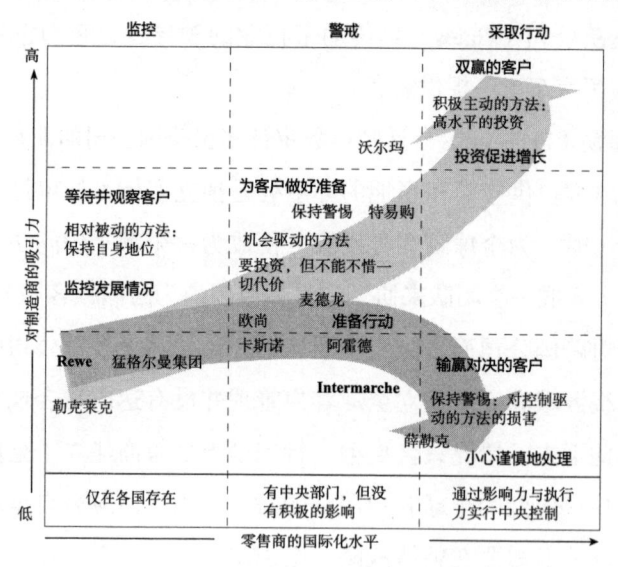

图5-2 制造商的全球零售商组合

那些将（战略）摆在首位并付出努力去实现的公司，几乎总是比那些不这样做的公司成功。我相信在团队效率方面，获得明确方向是最重要的。我认为如果没有明确的方向，你就无法准确定位自身的角色、结构和关系。[24]

1. 通行性政策

应对全球客户迫切需要一个通行性政策。[25]公司对这些客户的需求应该采取主动还是被动反应呢？也许制造商的地位决定了它们对待全球零售客户的姿态。[26]在品牌和地域方面同时占据优势的制造商应该渴望通过与全球零售商的合作来获得品类的龙头地位。那些拥有强势品牌但地域覆盖范围较小的制造商可能希望利用全球零售商来拓展它们当前仍然薄弱的市场。也许那些品牌弱小但地域覆盖范围广的公司会变成全球零售商的自有品牌供应商，而那些处于弱势地位的公司可能别无选择，只能退出该品类或细分市场。

2. 品牌组合的合理化

有些战略层面的紧急事项缘于全球整合和客户减少。全球零售商推出全球性品牌，并使用自有品牌来取代较弱的本地品牌。因此，正如将在第 6 章中所讨论的，制造商必须十分谨慎地审视品牌合理化。继续支持弱势品牌或地方品牌的逻辑正变得越来越难以自圆其说，只能将供应商和零售商之间的关系推入图 5-1 中的"货架竞标者"和"填补品种空白者"的方格中。因此，宝洁公司已经淘汰了许多失败的品牌，包括 Aleve 止痛药、Lestoil 家用清洁剂和 Lava 香皂。

3. 库存单位的合理化

全球零售商采取了先进的品类管理系统，这种系统可以生成最小库存单位流动的详细结果。供应商不能把弱势的库存单位强加给零售商，而应该剔除那些表现低于预期的库存单位。千禧年前后，几乎每个知名品牌制造商都开始了库存单位合理化计划。例如，宝洁公司已经将其库存单品数量减少了25%，甚至像海飞丝（Head & Shoulders）洗发水这样的知名品牌，它的产品线也从31个库存单位削减到15个。

4. 透明的定价策略

大多数零售商现在认识到，要求全球统一定价主要是一种谈判策略，因为全球统一的产品很少（吉列剃须刀或万宝路香烟除外）。此外，比较各国的净价格也困难重重。通常情况下，每个国家的定价取决于：

- 数量折扣（基于采购量）；
- 物流折扣（基于零售商是否订购了货车荷载、货盘或箱子）；
- 各种行为折扣（例如，零售商使用EDI、现金支付或连续补货）；
- 营销补贴（用于那些获批的促销活动及联合或"合作"的营销活动）；
- 基于绩效的激励措施（例如，零售商为制造商在特定品类中实现了一定的市场份额）。

全球零售商有足够的理由去关注制造商全球价格的透明度以及条款、条件的标准化程度。虽然产品定价在各国可能存在差异，但制造商可以协调它们的定价结构。像阿尔迪和沃尔玛这样的折扣商在这方面有着出色的表现，因为它们喜欢更简单的那种无折扣的低净价。这种偏好使制造商能够简化其系统，使用单一的IT平台，并使发票开具变得标准化，从而大幅度削减对终端顾客没什么价值的成本。

宝洁采用了更直截了当、合乎逻辑且相对透明的定价政策。虽然它向不同客户隐瞒了产品的实际价格，但将其定价结构的逻辑和盘托出，也就避免了陷入给不同客户或地区差异定价这一事实不能自圆其说的窘境。

5. 具有全球竞争力的供应链

最后，随着全球零售商推动全球定价，制造商将需要重组其业务，使之成为具有全球竞争力的跨国供应链。许多"国家的"工厂和仓库，特别是在欧洲的，将失去其存在的理由。[27] 同样，这些艰难的决定会影响到多个利益相关者，这一过程需要得到高管层的支持。

组织变革

针对全球客户，公司会从以下三种方式中确定组织导向。第一种方式是把国家分部置于首位。[28] 例如，可口可乐在欧洲设立了客户管理部门，随即又将其解散，原因在于每个国家独立的装瓶公司是单独运营的。第二种较为普遍的方式是采取均衡的方法，即当地客户经理同时向当地国家经理和全球客户经理报告。第三种方式是近年来新出现的，即公司围绕着强大的全球客户组织起来，将权力分配给全球客户经理而非当地的销售经理。

为给全球客户提供统一的服务界面，尽管不同公司有着多元的品牌接触点、不同的组织导向，但是大多数公司都在建立全球客户开发团队。宝洁在这方面的创新做法如图 5-3 所示，它的全球客户团队与全球业务单元、国家分部平行运行，形成了一个复杂的矩阵组织。[29]

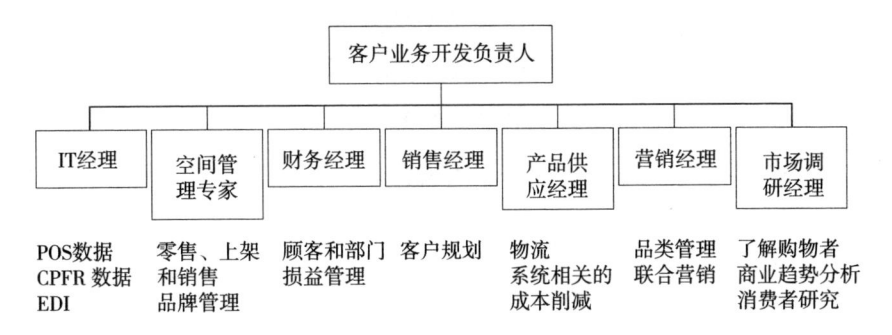

图 5-3 宝洁公司全球客户发展团队的结构

1. 全球业务部门

宝洁将其全球业务部门（GBU）划分为食品和饮料、衣物和居家护理、健康美容和家庭保健品等主要的几个。每个 GBU 必须阐明其发展战略，并通过推动产品创新和支持全球品牌，确保其组合中的品牌和产品得到充分发展。GBU 的管理者们制定业务部门的行动计划，并在世界范围内实现大品类商品层级的销售和利润目标。

2. 国家分部

传统的区域和国家分部要负责区域层面的营收和利润。它们必须熟悉当地消费者，管理当地的利益相关者，并为当地零售商服务。然而，它们也必须将全球业务部门和全球客户计划本土化，以满足零售商和消费者，进而提高销售额并降低成本。此外，它们还要向 GBU 战略和计划提供关于当地情况的丰富信息。2000 年后，宝洁开始将其国家分部合并为市场开发部，目的是提高效率。因此，奥地利、瑞士和德国被归为一组，而比利时、荷兰和卢森堡整合为"比荷卢"（Benelus）市场部。

3. 客户业务发展团队

最后，专门的全球客户业务开发团队联合起来，共同管理与每个全球零售商的关系。由于这些团队的业务代表来自不同的职能部门、业务部门和国家，为实现一致的联合客户计划，他们必须了解全球零售客户的战略，制订宝洁—客户联合业务计划，并与 GBU 和国家分部协作。如图 5-4 所示，这样一来基于团队的整个组织就变得非常复杂。[30]

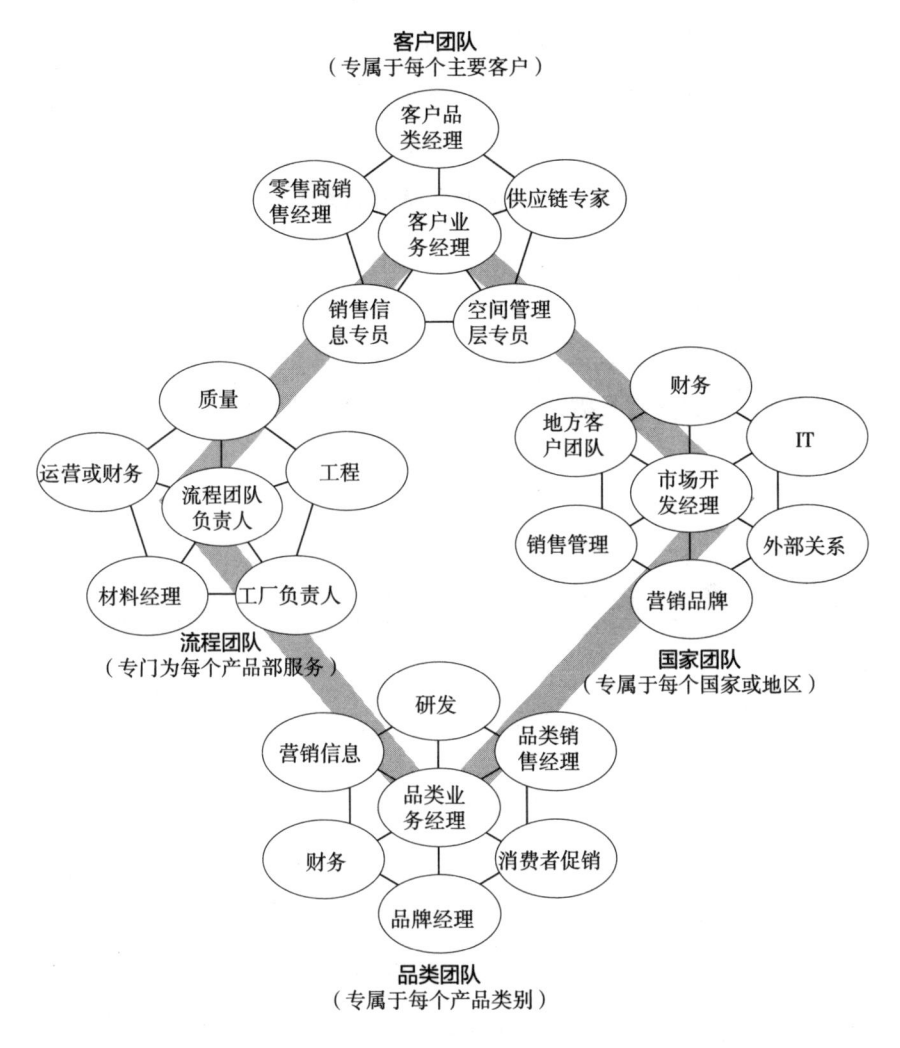

图 5-4　全球客户管理的组织结构

资料来源：Michael George, Anthony Freeling, and David Court, "Reinventing the Marketing Organization," *McKinsey Quarterly* 4（1994）：43-62.

4. 共同规划流程

许多跨国组织的流程规划仍然遵循传统的军队管理方法。组织中

第 5 章｜从品牌"推土机"到全球分销伙伴 · 125

的高层制定品牌和产品的战略，策划促销活动，并将这些计划提供给零售商，不容零售商讨价还价。随着零售业的不断整合，这种自上而下的规划流程注定要失败。相反，制造商必须让零售商参与规划流程和战略对话，主要是为了了解彼此的战略目标，由此制定出一个双方都同意的联合战略。

与一家全球大客户的规划流程如图5-5所示。全球客户团队需找出三个到四个可以驱动某个特定零售商业务的关键行动或方案，然后向国家分部解释这些举措以便让当地组织参与其中。

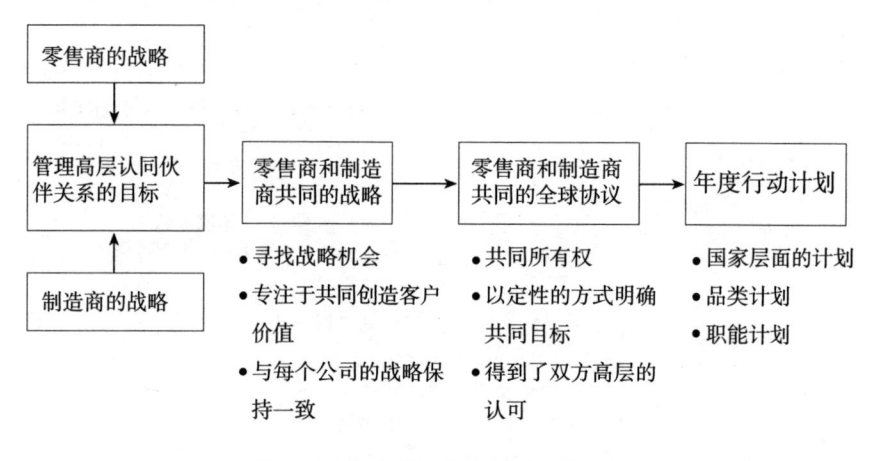

图5-5 与全球零售商共同规划流程

为了管理客户开发团队、业务部门和国家分部之间的接口，制造商必须围绕全球客户明确规定和分配所有供应商的职责。它还必须规定实施行动的范围——在全球范围内、地域范围内，或是由地方行动但具有一定的全球性，抑或是完全由地方组织来完成。[30]

与零售商召开联合战略会议之前，想有效管理全球零售商的制造商要做大量的准备工作。为做好充足的准备，一家快速消费品公司举行了为期两天的内部客户评估研讨会。针对家乐福这家客户，研讨会一开始就进行了33次国家/地区的专题汇报，聚焦于过去一年中公司在这家零售商取得的成绩，有什么潜在的机会，以及遇到了哪些问题。紧接着，与会者对家乐福进行了SWOT分析，并就未来三年内公司关于家乐福的整体战略进行了激烈的讨论。这次会议的成果是家乐福在全球、国家和品牌层面的预期损益表。因此，全球客户经理在与家乐福会面时，就可以拿出内部审议通过的按国家和品牌分类的目标。

最有效的双赢伙伴关系源于双方共同商定的绩效目标，这对双方都具有约束力。对载明核心绩效指标的联合计分卡，双方须达成一致意见。例如，制造商可能关心产品渗透率、入场费均价、购买频率、销售增长及利润增长，零售商则可能关注库存量、库存周转、利润、完成订单、销售额和货架空间管理。

通常情况下，双方都致力于实现定量和定性目标。定量目标通常侧重于增加所有制造商品牌在各自品类中的销售额。定性目标可能包括一些品牌在所有国家/地区的国际促销，如店内展示。作为回报，制造商可以承诺一定的让利和支持政策。然后，根据业务规模，制造商和零售商通常每月或每季度碰一次面，以共享数据并监控这些绩效指标。

信息系统变革

在早期接触全球零售业的一次经历中，我目睹了让一家大型跨国制造公司CEO近乎崩溃的一幕：一家全球零售商向公司提出了统一全球定价的请求，而他的员工竟然无法准确地说出这家零售商到底产生了多少利润。一项研究显示，尽管每家公司都有相当先进且昂贵的信息系统，但仅有11%的制造商能够测算出为国际零售商提供服务的真实成本。[31] 多数公司使用标准成本分摊法（standard cost allocations）而非作业成本法（activity-based costing）评估全球客户的盈利能力，因此它们无法针对某个全球客户得出精确、合理的损益表。从那以后，我与家乐福的一个主要全球供应商进行了交流。它的全球客户经理需要与家乐福就一项全球交易进行谈判，却不能确定其公司在家乐福的全球销售额。制造商的系统虽然提供了按国家和产品线生成的数据，但相关数据不支持按客户划分。他本可以手动计算收入数据，但在几个非洲国家，制造商通过代理商向家乐福供货，而代理商不愿意与这位全球客户经理分享销售数据。因此，他只能从家乐福那里获取制造商给全球零售商供货的数据。如果一个人连最基本的可靠信息都没有，他怎么去谈判？这就像在驾驶一架没有高度表的飞机。

即使像宝洁这样先进的公司，其信息系统虽可为特定客户提供汇总的销售数据，但必须以客户的美元兑价手动计算全球销售额——而且只能按定价计算。要想获得一个客户的全球净销售额，就必须进行相当艰苦的手动计算。然而，像惠普等公司正在投资于能够为每个全球客户生成损益表的系统。[32]

营销人员不能提供有关营销活动的财务信息，这让 CEO 常常感到不满。在一项调查中，只有 22% 的公司能在活动层面上监控到贸易促销支出的效果。随着营销人员越来越多地与零售商共同策划，在建立特定客户目标的过程中，与活动盈利能力有关的信息是至关重要的。[33]支持全球客户管理的信息系统应该监控供给全球零售商的销售额，计算客户的全球盈利能力，为全球客户经理提供分享学习的内部论坛，并帮助监控、实施特定的奖励和评价系统。

人力资源变革

客户业务开发团队如何致力于全球客户职能，有四个人力资源方面的问题与之相关：协调配合、同地办公、团队组成和团队薪酬。

1. 协调配合

对供应商的全球客户团队的协调要求是非常苛刻的。公司必须在协调营销、销售和服务组织的基础上,通过共同的目标、信息和薪酬使各职能部门、业务部门和国家分部同步,以向当地客户呈现一个整体的形象。管理者不仅要在不同的国家/地区、产品线和各类促销之间重新分配资源,还要学会内部协作。[34]

2. 同地办公

公司经常为在何处设立全球客户开发团队发生争执。宝洁专为沃尔玛设立的150人团队位于沃尔玛的总部——阿肯色州的本顿维尔(Bentonville)。与客户的全球总部如此接近的优势之一,便是可以创造更多真正建立个人关系的机会,使供应商和客户之间的伙伴关系更牢固。一位客户业务开发经理说:"我们有些团队在同一地点办公,另一些则不是。那些同地办公的团队在各类敌对情形下会表现得更好,因为它们可以沟通交流。当遍地是金子时①,办公地点的选择无关紧要……但当市场变得不稳定时,同地办公就非常关键了。"

与客户同地办公的供应商团队还能专注于开发附近的客户,而不是疲于与其他客户或公司做政治斗争。绝大多数情况下,同地办公团队内部正式或非正式的对话都是关于客户的。同地办公有利于凝聚团队精神,往往会形成一种既不同于供应商也不同于零售商的团队文化。然而,有时与零售商相邻较近的团队会被"地方化",这有损于供应商的目标。

3. 团队组成

全球客户管理团队的组成是一个经常被管理者忽视的重要问题。应该由谁领导这个团队?谁应该参与其中?哪些技能至关重要?很多公司都有为投资机会配置相应资源的优秀范例,但对如何为团队分配

---

① 喻指某行业的市场大环境非常好。——译者注

人员仍在学习的过程中。21世纪初，企业倾向于在零售商总部所在国挑选团队的领导者。例如，与家乐福开展合作的团队领导人将是法国人，并拥有和零售商打交道的丰富经验。然而，企业对这个问题的态度也正发生转变。如阿霍德公司将其团队领导者由荷兰人换成了美国人，因为目前阿霍德大部分的销售额来源于美国。

然而，许多供应商误将客户业务开发团队理解为"销售团队"，因此未能将物流、营销、财务等职能部门，以及来自不同国家和业务部门的代表吸纳进来。[35] 有时，正是由于对这类团队的资源投入不足，公司并没有意识到一个全球客户的全球销售额可能超过许多国家分部的总和。[36] 例如，宝洁公司在140个国家经营着300个品牌。然而，它的前六大客户——沃尔玛和好市多（美国）、家乐福（法国）、阿霍德（荷兰）、乐购（英国）和麦德龙集团（德国）目前占到宝洁销售额的30%以上。它最大的50个客户占了宝洁55%的销售额，预计在未来5年到10年中，其最大的前10名客户将占据宝洁50%的销售额。

4.团队薪酬

许多公司仍然将客户业务开发团队的薪酬与营收和销量挂钩，因为它们无法计算客户的盈利能力，也不关心客户的盈利能力。[37] 越来越多的全球零售商对它们的供应商提出要求，让其同时对零售商的利润和供应商产品的盈利能力承担责任。一位客户业务开发经理指出："认识到我们对客户市场活动的责任非常重要。过去我们常说'利润不是我们的问题，而是你们的问题'……现在我们则说'我们也要对此负责'。"[38]

确保问责的有效手段是将团队的部分薪酬与零售商在供应商产品上的盈利能力挂钩。此外，供应商正在将开发团队的薪酬与顾客服务和客户的盈利能力联系起来。

由于客户业务开发团队与等级分明的国家分部和业务部门同时存在,团队成员需要特定的职业发展路径、明确的汇报关系以及薪酬协议。[39]例如,宝洁德国管理与沃尔玛关系的当地经理既要向宝洁的全球客户经理汇报,又要向宝洁的德国经理汇报。如果这个当地经理不向全球客户经理汇报,那公司的客户业务开发团队也就没有存在的必要了。另外,如果不能将地方组织整合进全球团队,全球团队就整体上失败了。那么,宝洁公司应该将德国沃尔玛的销售归因于德国的当地经理,还是归因于为沃尔玛设置的全球客户经理?大多数公司通过重复计算的方式来解决这个问题,即两个经理都有功劳。

在广告或审计服务等非零售业中,给为全球客户服务的地方独立办事处支付薪酬时会出现冲突。当世界各地的工资水平差异悬殊时,怎样才算公平?对相同客户所做的工作倘若出现"同工不同酬",为此进行辩解很可能使公司在政治和文化方面陷入危机。为解决这一问题,各个公司采取了不同的措施:葛雷广告公司(Grey Advertising)每年都会设定各地办事处之间的结算费率,而英国电信(British Telecom)会事先商议所有地方办事处的薪酬,然后再与它们签订全球客户协议,就所有的地方薪酬进行协商。其他公司则取消办事处之间的结算,并根据每个办事处的工作百分比分配收入。

未能解决这个问题或未能化解其余危机的公司很有可能会失去其最有价值的长期客户。例如,花旗银行几年前发现其国家经理不愿为跨国公司提供周到的服务。[40]花旗银行的国家分部给跨国客户服务只能赚取相对较低的利润,而国家经理的考核标准则基于其所在国的盈利能力。然而,通过给跨国公司提供高收益的全球服务是花旗银行实现增长的绝佳机会。为解决这一问题,首席执行官约翰·里德(John Reed)不要求国家经理为利润负责,转而奖励他们为跨国客户提供的服务。

◆ 本章小结

随着分销渠道在世界各地的整合，上游供应商的压力只会变得越来越大。它们的生存可能将取决于能否与分销渠道中强大的全球伙伴合作。显然，最好的方法是开发出经销商必须保留和支持的那些符合消费者需求的品牌。然而，即使是拥有强势品牌的供应商，也必须不断创新并兢兢业业地管理其分销渠道。与经销商建立互信互赖关系的供应商，将会通过减少冗余流程来提升为终端用户创造价值的潜在可能性。

对分销渠道，供应商不能采用"一刀切"的做法。有些零售商可以通过建立伙伴关系进行良好的合作，另一些则更倾向于对抗。公司必须同时优化与不同零售商之间的权力博弈或信任博弈。类似地，供应商将同时拥有全球客户和传统客户，但是那些在全球客户管理实践中培养出真正市场竞争力的供应商将会得到全方位的增益：销售成本降低、利润增长、弱势细分产品交叉销售（cross-selling）①的增长、销售团队效率提高、新产品推出更加容易，以及在客户层面提升对特定消费者需求的响应能力。

对"全球客户管理清单"中的任何一个问题都回答"不"的经理人，若想推动必要的变革，则需要得到 CEO 的支持。以伊莱克斯为例，这家公司通过多年的持续收购已积累了一个庞大的品牌组合。不同部门之间相互协调以向类似连锁酒店和壳牌石油（Shell Oil）这样的全球客户提供服务，而疑心重重的业务部门经理妨碍了这一工作。[41] 类似地，极具创业精神的 ABB 公司在为全球客户提供服务方面也举步维艰，直到戈兰·林达尔（Goran Lindahl）就任 CEO 后强调了全球客户管理的重要性。

---

① 交叉销售是指发现现有客户的多种需求，并通过满足其需求而实现销售多种相关产品或服务的营销方式。——译者注

随着时间的推移，供应商拥有了自己的全球客户开发团队，全球客户将开始占据销售额的大头。公司将围绕客户整合销售和营销职能，取消国家办事处，并削减总部营销部门或降低其级别。这些客户开发团队将执行更多的营销活动，他们的领导可能会向 CEO 汇报，或直接向首席客户官（Chief Customer Officer, CCO）汇报。而那些仍然被称为营销总监或销售总监的人很可能也要向首席客户官报告。

最终的首席客户官是 CEO，他将作为全球大客户的大使，调解那些团队领导无法解决的问题。

| 全球客户管理清单 |

- 客户：我们是否在全球范围内找出了我们最有价值的客户？
- 战略：我们是否有一个明晰的全球客户战略？
- 结构：我们的结构是否促进了与全球客户的跨国界、跨部门合作？
- 关系：全球客户是否有单一的联系点？
- 文化：我们是否接受全球客户经理作为全球客户的支持者？
- 激励制度：我们的薪酬和激励制度是否与服务全球客户的目标相一致？
- 人才：我们是否有足够的、可以为全球客户团队服务的人才？
- 流程：我们的流程是否与全球客户的流程同步？
- 能力：我们所有的国家分部是否都达到全球服务的水准？
- 供应链：我们是否优化了供应链以提高全球效率？
- 营销：我们是否成功地实施了品牌和库存单位合理化举措？
- 定价：我们是否实行了统一的价格/定价结构？
- 会计系统：我们所使用的客户层面的全球损益表是否远远超越了传统的标准成本分配法？

- IT系统：我们的IT系统是否能生成所需的全球客户数据？
- 知识管理：我们是否有效地利用了全球客户数据来开发新产品并改善现有产品的薄弱环节？

资料来源：Christopher Senn, "Are You Ready for Global Account Management," *Velocity*, no.2（2001）: 26-28.

第 6 章
从品牌收购到品牌合理化

不要做广告，而要让品牌自己成长。

在知识经济时代，CEO 意识到公司的价值越来越少地由其拥有的有形资产（如工厂、库存）决定，而越来越多地由无形资产决定，如能力、顾客基础、分销网络、员工和品牌。在公司拥有的所有无形资产中，品牌或许是最珍贵的。这使得 CEO 如何看待公司、竞争优势源自哪里及对公司战略资产的理解产生了巨大变化。2000 年，联合利华联席董事长尼尔·菲茨杰拉德宣称："我们不再是一家制造公司，而是一个碰巧也生产一些产品的品牌营销团队。"[1] 直到 20 世纪 70 年代中期，这家公司一半以上的利润来自其非洲业务，其中包括零售、航运和贸易，以及生产大宗植物油（用于制造人造黄油和洗衣粉）的种植园。

品牌创建应是一种差异化机制，将公司的产品和服务与竞争对手区分开来。如果做得好，就能够让卖家摆脱商品磁力（commodity magnet），即以价格和产品特性作为主要的差异化因素。一个强势的品牌有助于提升产品销量和溢价。对公司来说，品牌资产就是商誉之源，它能很好地吸引顾客、经销商、员工和投资者。对品牌价值的守护者——营销人员来说，没有什么比他们所管理的品牌更神圣、更珍贵的资产了。

购买一个品牌及它的市场份额往往比建立它要便宜、快速得多。阿克苏诺贝尔、思科、欧莱雅和雀巢等公司一直在通过收购小型企业来巩固其地位。此外，同行业的大公司之间也有许多巨型并购，如花旗集团和旅行者、戴姆勒和克莱斯勒、埃克森和美孚、惠普和康柏。许多公司发现，这些品牌并购使自己拥有了庞大的品牌组合。1998年，阿克苏诺贝尔公司仅在欧洲就通过37个不同的品牌来销售油漆，包括Astral、Berger、Casco、Crown、Marshall、Nordsjö、Sadolin和Sikkens。[2]

在评估自己的品牌组合时，高层管理者担心他们的许多品牌只服务于仅有少数顾客的小众市场，由此产生的收入或利润微不足道。请参考以下情况：

（1）在宝洁公司的250个品牌中，包括帮宝适、汰渍和自然之宝在内的十大品牌占其销售额的一半，占利润的一半以上，并贡献了过去十年中几乎三分之二的增长。[3]

（2）在联合利华的1600个品牌组合中，排名靠后的1200个品牌仅占该公司1999年总销售额的8%。[4]

（3）雀巢公司的利润绝大多数来自其全球8000多个品牌中的一小部分。

面对如此庞大的品牌组合，如今的公司正在扼杀著名品牌，而不是像过去20年里流行的那样收购和扩展品牌。许多著名的品牌已经死亡或正在消失：通用电话电子和大西洋贝尔现在属于威瑞森；通用汽车终于停产了奥兹莫比尔；美林放弃了水星品牌；花旗银行已经永久停止了施罗德和所罗门的运营。在消费品行业，很多历史悠久的品牌都被"解雇"了，如法国的 La Rouche-auxFées 酸奶、英国的 Treets 糖果，以及美国的白云卫生纸。阿克苏诺贝尔、伊莱克斯、宝洁和联合利华等公司已经或正在积极合理优化其品牌组合。同时，更多的公司在不断加入这一行列。例如，资生堂（Shiseido）于 2005 年将其品牌从 140 个削减到 35 个。公司陷入一种两难境地，即如何在不失去与即将被除名的品牌相关的顾客和销售收入的情况下削减其品牌组合。

品牌多样化的巨大代价

更精细的市场细分显然需要品牌多样化。然而，以所谓的市场增长机会为目标的兼并收购和不受限制的品牌传播，在这股品牌多样化浪潮中占据了主导地位。为了证明其存在的合理性，品牌组合中的每个品牌都必须与特定的目标市场相联系，并有一个独特的定位。维持组合中每个单独品牌的成本必须低于从更多细分市场所产生的收入。下方 10 个问题可以帮助管理者确定他们公司拥有的品牌是否过多。

你的公司是否有太多的品牌？

1. 就市场份额而言，是否有超过 50% 的品牌未跻身市场三甲？
2. 是否有品牌由于缺乏足够的规模而无法在营销和广告支出上与竞争对手匹敌？
3. 我们的小品牌是否在亏损？
4. 同一种产品在不同的国家有不同的品牌吗？
5. 在我们的投资组合中，是否有品牌在目标细分市场、产品线、价格区间或分销渠道上表现出高度重叠？
6. 来自图像跟踪调查、最接近的竞争对手研究和消费者品牌转换矩阵的分析是否表明，顾客认为我们的品牌在自相竞争？

7. 零售商是否只同意保留我们相关品牌组合中的一部分？
8. 在我们的品牌组合中，是否有一些品牌营销和广告支出的增加是以减少组合中另一个品牌的销量为代价？
9. 我们是否花费过多时间来讨论不同品牌间的资源分配决策？
10. 我们的品牌经理是否将彼此视为竞争对手？

每有一个问题回答"是"，得1分。

0~2分：较小的品牌优化空间。

3~6分：较大的品牌优化空间。

7~10分：亟须进行品牌优化。高层管理人员必须警惕了。

在管理庞大的多品牌组合时，特别是在同一产品类别中，会出现以下主要问题。

差异化不充分

某一特定品类中品牌数量越多，公司就越难对每个品牌进行独特定位。只有（品牌）优势和属性的多种组合才能吸引大量的顾客。比如，通用汽车在别克、凯迪拉克、雪佛兰、庞蒂克（Pontiac）、奥兹莫比尔、欧宝（Opel）、萨博和土星等品牌的产品线和品牌形象方面进行了怎样的区分？

毫不奇怪，公司产品组合中品牌数量越多，在目标细分、定位、价格、分销渠道和产品线上的品牌重叠就越大。这种重叠的结果是销售竞食（cannibalization）和重复劳动。如果管理不善，投资组合中的许多品牌可能最终会相互竞争，而不是与竞争对手的品牌竞争。

效率低下

总的来说，随着整个市场在各品牌之间分化，更大的品牌组合意味着单个品牌的销量更低。如果在产品开发、供应链和营销方面没有规模经济，公司就无法在保证竞争力的同时支持每个品牌。例如，在汽车行业中，开发一款新车型需要花费近 10 亿美元的开发成本和生产投资。如果没有足够的资源来更新每个品牌的产品线，通用汽车和大众汽车等公司就会在各品牌之间共享产品平台。虽然这种做法提高了效率，却降低了人们对产品种类的认知。批评人士称，大众汽车在各个品牌之间共享产品平台（如大众甲壳虫和奥迪 TT 共享底盘）的做法，降低了其知名品牌的形象，降低了差异化程度。

类似地，公司每年必须在每个品牌的营销和广告上保证投入一笔最低的费用以吸引顾客的注意，而这笔最低费用多年来一直在迅速上升。例如，在 1995 年，3 个电视广告可以覆盖美国 80% 的妇女；如今，要达到同样的效果，公司必须购买 97 个广告位。[5] 因此，小品牌难以保持其竞争力。正如联合利华的菲茨杰拉德所指出的那样："你需要破除与消费者沟通的壁垒，如果你把你的预算分散到所有的品牌上，这个目标就无法达成。因此我们不得不把资源用于更少的品牌，才能让这些品牌实现较高的增长率。"[6] 管理者经常对多品牌公司的品牌预算进行次优分配，从而降低了公司的品牌投资回报。

市场支配力下降

像百安居（B&Q）、巴诺书店（Barnes & Noble）、百思买、家乐福、家得宝和沃尔玛这样强大的巨型零售商的崛起，也许比其他任何事情都更能引发品牌整合。零售商巨大的谈判能力，尤其是面对弱势品牌时，会迫使其制造商严格评估自己的品牌组合。

大型零售商还开发了高质量的自有品牌，目前在美国商店销售的产品中占 20%，相当于欧洲的两倍。零售商使用这些自有品牌与制造商相互博弈。许多零售商在一个品类中只销售前两到三个制造商品牌，再加上它们的自有品牌。实力较弱的制造商品牌要么被零售商品牌抢走货架空间，要么为保留货架空间付出昂贵的代价。伊莱克斯的 CEO 汉斯·斯特拉伯格（Hans Straberg）说："我们的目标是成为顾客和零售商可靠且值得信赖的合作伙伴。这意味着我们需要几个强大的品牌。我们不能支持太多（品牌）。"[7]

管理的复杂性

最后，品牌多样化给管理层带来的压力使其不得不协调复杂而庞大的产品组合、包装设计、研发项目、营销计划和经销商关系。边缘品牌最终不成比例地消耗了公司的时间和资源，并加剧了小众品牌和区域经理之间的紧张关系。在年度营销战略和预算会议上，高层管理人员发现，他们多关注不同品牌资源分配这种内部问题，而不是聚焦与竞争对手抗争或为顾客服务这样的外部问题。

CEO 沮丧地发现，作为他们最宝贵的资产，迅速增长的品牌组合正在吞噬公司的盈利能力，阻碍公司成长。此外，全球媒体、全球细分市场和国际分销商的激增，令许多在单一国家独有的品牌存续的意义越来越小（见表 6-1）。CEO 发现，更少、更大、更全球化的品牌是明智之举。他们意识到品牌合理化是提高利润的关键路径。

表 6-1　品牌整合背后的力量

	过去	未来
企业	收购和兼并	追求协同作用
	寻求营收增长	寻求可盈利的营收增长
	国际扩张	全球战略
	品牌管理结构	品类管理结构
	国家分部管理人员的权力	公司总部的阻力

续表

	过去	未来
竞争	模仿战略 世界范围内管制放松和媒体渠道层出不穷	要求差异化 全球媒体巨头的崛起
渠道/ 消费者	新的分销渠道 对独家产品和货架效率的需求 希望避免渠道冲突 多个消费者细分市场 本地营销	巩固分销渠道 需要进行品类管理 自有品牌的增长 跨国细分市场 全球消费者的兴起
	⬇ 品牌组合日益增加	⬇ 品牌组合持续缩小

品牌合理化的挑战

精简品牌容易，但继续保持这些品牌的销量并留住顾客绝非易事。这里存在一个管理上的难题：如何在不损失顾客和销售收入的情况下削减品牌组合？

绝大多数情况下，企业在品牌组合合理化的过程中，其市场份额、销量和顾客往往被竞争对手夺走。为了避免这种损失，管理者通常会尝试合并两个品牌，而不是删除其中一个。然而，研究表明，在尝试合并两个品牌的企业中，仅有 12.5% 的企业能够达到这两个品牌原有的市场份额。请参考以下失败案例：

（1）20 世纪 80 年代，美国猫粮行业的三个知名品牌中的两个是 Kal Kan 和 Crave。它们于 1988 年合并，创建了一个名为伟嘉（Whiskas）

的新品牌。[8] 5年后，伟嘉仍未能达到Kal Kan和Crave的合并市场份额。为了挽救销售，Kal Kan食品公司最终在伟嘉包装上重新使用了Kal Kan的名字，但收效甚微。

（2）1987年，玛氏公司（Mars, Inc.）在没有通知顾客的情况下，将Treets品牌（它是一种与M&Ms截然不同的欧洲糖果）合并到M&Ms品牌中。[9] M&Ms突然有了两种包装，里面装的是截然不同的产品，而这两种产品都没能抓住英国人和德国人的味蕾。第一年销售额就下降了20%。1991年，玛氏公司在德国重新推出了Treets，名为M&M的Treets系列。

（3）1996年，来爱德公司（Rite Aid Pharmacies）收购了1000家Thrifty/PayLess药店（美国西部地区的一家连锁店），并将其全部改为来爱德连锁药店。为了提高当地人对新品牌的认知，来爱德投资了数百万美元为这家更名的连锁店打广告。然而，来爱德公司的高管们低估了Thrifty/PayLess进店业务的价值，这些业务被包括"获奖"冰淇淋、沙滩排球、化妆品和杂志在内的产品组合所吸引。来爱德公司艰难地夺回了以前Thrifty/PayLess的顾客，这些顾客并没有将药店视为冲动消费的场所。在启用新品牌之后，被收购药店的销售额开始每月下降10%。2000年，来爱德公司聘请了两名Thrifty/PayLess前高管来管理它的西部地区。

（4）1999年，希尔顿国际（Hilton International）以15亿英镑收购了总部位于英国的四星级酒店斯塔基斯（Stakis，拥有54家酒店和22家赌场），然后放弃了斯塔基斯品牌。一夜之间的更名让希尔顿国际的客人感到不解和失望，他们发现一些新收购的酒店并没有达到他们对希尔顿品牌的期望。尽管斯塔基斯声称已斥资1亿英镑提升酒店标准，将其旗下酒店统一纳入希尔顿品牌旗下，但它2000年的销售额还是下降了6.6%。因此，当希尔顿于2001年收购北欧地区的154

家斯堪迪克（Scandic）酒店时，它明智地保留了斯堪迪克品牌，只将20家酒店更名为希尔顿。

品牌合理化会造成损失。请牢记，即使是亏损的弱势品牌也有忠实的渠道成员、顾客和潜在顾客，更不用说品牌和区域经理了，他们都会积极地捍卫这些品牌。拟定的品牌精简（计划）可能会危及分销商或员工的生计，甚至是对该品牌的终身承诺。试想一下，如果通用汽车不从其产品组合中提供一个替代品牌，那么作为特许经销商的家族企业奥兹莫比尔将怎么办？

品牌合理化既难以直接达成，也不容易理解。没有人能轻易地决定在一个组合中该保留、合并、出售或删除哪些品牌，也没有一本营销教科书涉及这一决策过程。如果没有明确的方法和积极参与的CEO，战略会议很可能会受到政治和地盘争斗的影响。联合利华联合主席安东尼·伯格曼斯（Antony Burgmans）在一次与高层管理人员的会议上指出："如何专注于品牌组合是联合利华目前面临的最大问题。这不是我们可以委托给别人的事情。它太重要了，我们必须自己来做，并尽快行动起来。"[10]

品牌合理化的流程

基于一些企业的成功经验，一个高明的品牌合理化要经过四个基本步骤:（1）进行品牌组合审查；（2）确定最优的品牌组合；（3）选择适当的品牌精简策略；（4）为保留的品牌制定成长战略。如果管理者没有做好组织准备（第1步）或勾勒出增长战略（第4步）就直接投入品牌合理化（第2和第3步），那么他终将失败。

进行品牌组合审查

任何一个品牌合理化方案要想取得成功，必须赢得一线经理的支持。经理们常常对品牌合理化感到忧虑，特别是那些被剔除品牌的管理者，因为他们害怕失去独立性，害怕在更大的公司中被埋没、被忽视。这种焦虑导致他们夸大剔除该品牌的负面影响。为了做出更加正确的决定，品牌合理化计划应该首先进行品牌组合审查。

品牌组合审查客观地让管理者学会从企业视角看待品牌。审查提出了有关定位重叠、协同效应和测量基准的问题，这有助于区域经理和品牌经理了解全局。如果没有这样的审查，这些经理就可以援引案例证明每个品牌存在的合理性。但是，我们的目标是优化产品组合，而不是优化组合中的每个品牌。表 6-2 提供了品牌组合审查的模板。最初，一组管理人员独立完成审查工作，然后将数据汇总。审查确定了这些品牌及其全球市场份额。表中每列是按地理划分的细分市场。对每个细分市场的每个品牌，经理们需要输入两条信息：（1）市场地位——使用"主导""强势""弱势"，或者"在该地区不存在"表示品牌在特定市场的实力；（2）用一个词描述品牌定位，以说明该品牌的价值主张。表中展示了一些常用的词语，但在填写这一栏目时，参与者通常都很有创意。

经理们可以增加两列，一列跟踪每个品牌产生的利润的占比，另一列记录该品牌是现金产生者、现金中性者还是现金消耗者（如果有数据的话）。如果没有翔实的数据，这两列额外的数据可能会引发冗长的内部辩论，从而影响到整个审查过程。最好是先推测，并在之后核实数据。请记住，品牌精简是一门艺术，而不是一门科学。

表6-2 品牌组合审查

品牌	全球市场份额	出现的地区					
		北美洲	拉丁美洲	亚太	日本	西欧	……
A	15%	S fun					
B	7%	W value					
C	3%						
D	1%						
E	*						
F	*						
•							
•							
•							
•							

*少于1%

表格上半部分：市场地位
D = 主导（在该地区排名第1）
S = 强势（在该地区排名第2或第3）
W = 弱势（在该地区排名第4及以下）
NP = 在该区域不存在

表格的下半部分：品牌定位
质量、价值、高档、有趣、冒险的、优质的、安全的、可靠的、值得信赖、积极进取、便宜，等等。

要想获得详细的品牌层面的利润率数字，就需要对固定成本和共享成本进行复杂的分配，因此所得数据的有效性是不确定的。目前的盈利能力并不是决定剔除哪个品牌的最终指标。更重要的是，品牌合理化的决定是战略性的：管理者必须考虑可能发生的情况，而不是实际发生的事情。他们必须构想在清除边缘品牌和调整存续品牌的营销组合之后，公司和每个存续品牌的盈亏。

通常，数据汇集的结果会使管理者感到惊讶：在任何品类中，公司很少有品牌占有超过1%的全球市场份额。小组讨论通常会从精简品牌的多种原因转向对公司组合的各类品牌进行更加均衡的观察：

- 市场份额小；
- 盈利能力差或盈利为负；
- 耗费而非带来现金流；
- 缺少来自重要渠道成员的支持；
- 消耗过多的管理资源；
- 给公司带来战略价值微乎其微。

审查使品牌组合合理化的需求变得明显、客观，而且范围广泛。最高管理层可以用它来概述合理化计划的其余三个步骤。

确定最优的品牌组合

公司利用两个相辅相成的过程来确定最优组合：整体的企业组合方法和基于需求的细分方法。

品牌组合分析的结果直接为整体企业组合方法所采用，这种自上而下的过程为合理化计划设定了总体目标和方向。它使用一些简单的数字（如最低销售额、市场份额、增长率和地理范围）广泛剖析了公司的品牌组合。这个过程的结果通常涉及以下关键问题：

- 我们应该保留多少个品牌，取消多少个品牌？例如，一家公司的高层管理人员决定，除市场份额数一数二的品牌外，他们将取消所有其他品牌。联合利华决定，它将在 5 年内取消 1600 个品牌中排名靠后的 1200 个，这些品牌 5 年内的销售额只占总营收的 8%。
- 企业品牌的作用是什么？例如，伊莱克斯决定将其企业名称发展为主品牌——一个最终将占集团收入 70% 的品牌。
- 哪些品牌是公司的核心？例如，宝洁公司的"核心"品牌是指每年销售额超过 10 亿美元的前 12 个品牌。
- 品牌组合中是否包含潜在的全球品牌？例如，联合利华将 40

个品牌指定为全球核心品牌。

- 公司是否应该从自家品牌都处于不利地位的品类中退出？

对以上问题的回答有助于阐明这样一种愿景，即公司希望在哪些地区和哪种业务参与竞争。

基于需求的细分方法考察了基于需求的细分市场的数量和类型，它们存在于公司参与竞争的每个单独品类中。这种分析的结果是对企业组合方法所确定的品牌合理化计划的总体目标与方向的一个补充。由于公司必须将每个品牌定位在一个独特的消费者细分市场上，这个自下而上的过程有助于管理者确定单个品类的最优品牌组合并将其付诸实践。

考虑以下这些问题：

- 在一个品类中，我们可以支持多少个不同的品牌？
- 公司应该用品牌覆盖哪些细分市场？
- 我们应该将哪个品牌与哪个细分市场相匹配？
- 我们应该合并哪些品牌？

由于人们可以使用基于需求的细分方法确定要保留和剔除的品牌数量，这种方法对那些管理者想要对在同一类别中竞争的品牌群进行合理化的公司来说非常有效。此方法也有助于在很多品类中竞争的公司，它们在特定品类中有太多品牌以至于要精选一些应该保留的品牌。例如，宝洁公司对其洗衣粉品牌组合进行了合理化调整，决定将 Solo 与 Bold 两个品牌合并。

另外，如果一个拥有横跨多个品类的数百个复杂的品牌组合的公司，试图一次性合理化其整个品牌组合，那么采用自下而上的方法收集数据和设定目标将会花费过多时间。最好的办法是先使用基于品牌组合的方法来确定总体目标和方向，再转到基于需求的细分方法。

选择适当的品牌精简策略

那些注定失败的品牌存在4种可能的结局：出售（sell）、渔利（milk）、退市（delist）或兼并（merge）。公司应该出售那些不可能成为竞争对手但可以为他人提供价值的非核心品牌。例如，1999年帝亚吉欧（Diageo）出售了仙山露（Cinzano）苦艾酒和梅塔莎（Metaxa）白兰地，以专注于9个核心品牌，这些品牌产生了70%的利润。[11]

公司应该榨取那些有一些顾客特许权的品牌的利润，但这些品牌既不是公司的核心方向，对其他人也没有价值。坐收渔利意味着除了最低限度的支持外，要停止所有的营销支持，这样随着销量的缓慢下降，可在短期内实现利润增长（通过削减成本）。当它们最终死亡时，公司会将其剔除。

公司可以让销售不佳却白白争占货架的小品牌安全地退出市场或直接将其剔除。为了转移忠诚的顾客，公司可以向他们发放优惠券或样品，用于购买产品组合中最邻近的在售品牌。

最后，如果较小的品牌在核心品类中仍然保持着可观的销售额，公司可以将两个品牌合并为一个。通过营销将相关顾客转移到在售品牌上，合并（或称作"品牌转移"或"品牌迁移"）可以在不损失销量的情况下缩减品牌数量。

根据竞争和公司的压力，公司可在"快速变革"和"渐进式转移品牌"两种战略中做出选择。当管理者想与过去彻底决裂时，采用新品牌名进行快速变革是可行的，桑德兹（Sandoz）和西巴－盖吉（Ciba-Geigy，现在叫诺华）就是这样的例子。在合并的阵痛过后，一个全新的名字可以象征着平等主义、适应性和新的机会。它还可以使顾客了解到（新品牌）有可用的新功能。

合并后的公司可以迅速放弃一个品牌，而不是开发一个新的名字，就像瑞士的两家银行UBS和SBS在合为UBS（瑞银集团，即瑞士银行）

时那样。这种做法在以下情况下成效明显：全球竞争需要快速迁移并掌控顾客；或者两个品牌差距悬殊。

如果两个品牌都有强大的品牌特许权，那么可以采取渐进式的品牌迁移策略，在过渡期内使用子品牌或双品牌，最终放弃较弱的品牌。例如，多乐士·瓦伦丁（Dulux Valentine）放弃了瓦伦丁，而飞利浦·惠而浦（Philps Whirlpool）放弃了飞利浦。当市场稳定或顾客对品牌的忠诚度很高时，只要公司谨慎制定从注定失败的品牌迁移到在售品牌的转移路径，渐进式品牌转移就会产生效果。

以沃达丰（Vodafone）为例，这是一家通过收购不同国家多个独立品牌的移动运营商的股权而成立的公司。2000年，该公司启动了一项全球品牌转移方案，计划在2002年年初之前，将旗下运营的公司全部并入主品牌下。它分两步对转移过程进行管理。首先，将单一的国家品牌变为双品牌，如德国的D2沃达丰、意大利的Omnitel沃达丰、埃及的Click沃达丰、瑞典的Europolitan沃达丰等，旨在通过本土品牌提高沃达丰的品牌认同度。在此后两年多的时间里，它逐步在广告活动和赞助项目中淘汰了（双品牌的）本地前缀。当沃达丰的品牌认知达到一定的程度时，品牌追踪研究帮助市场人员把握从双品牌转向沃达丰主品牌的时机，并逐次在不同国家实施。例如，由于葡萄牙Telecel沃达丰的双重品牌方案获得成功，它提前三个月转为沃达丰。通过采用单一品牌，沃达丰的欧洲子公司在品牌广告、媒体购买、全球产品/服务品牌化和广告营销方面实现了成本协同效应（cost synergies），也提高了顾客对沃达丰产品和漫游业务的使用率。

为保留的品牌制定成长战略

剔除品牌存在风险。由于剔除品牌造成销量受损，如果没有一个战略来发展其他品牌，公司最终得到的仅仅是一个成本削减方案，其营收也会减少。作为（剔除品牌）不可或缺的环节，管理者要找机会通过提升品牌质量和增加投资来打造更少、更强的品牌。

品牌质量提升需要在被剔除品牌中去芜存菁，将有用的特性迁移到保留的品牌之上。这一过程可通过以下几种方式实现：(1)被剔除品牌可能有一两个独特的或有吸引力的产品，很可能在保留品牌的产品线中表现良好；(2)被剔除品牌的某些属性可在保留品牌中重现，以强化后者的价值定位；(3)在被剔除品牌出售的地区，保留品牌可能缺乏影响力。用当地的一个保留品牌来取代现已不复存在的品牌将扩大其销售范围。

品牌投资目标明确地将停产产品线中释放出来的资源转投到保留品牌上。品牌合并可以在供应链、销售和营销方面实现更大的规模经济（economies of scale），公司可借此省下巨额开支。更加精简的产品线和更好的库存优化能够降低商品销售成本，与此同时，将品牌各自的营销团队和顾客服务团队结合起来，也能降低销售和管理费用。最后，集中开展营销和广告推广能够产生更好的效益。例如，宝洁目前的CEO雷富礼（A. G. Lafley）专注于300多个品牌中的14个品牌（占宝洁总销量一半以上），实现了10个品牌的增长，其中佳洁士牙膏的销量增长了30%以上。

伊莱克斯公司自下而上的细分方法

总部位于瑞典的伊莱克斯是世界领先的耐用消费品公司之一，其产品包括大件家用电器（如冰箱、炊具、洗衣机、吸尘器）和户外设备（如割草机、修剪机和链锯）。在过去的几十年间，该公司进行了几百次并购，形成了一个庞大的品牌组合。

在CEO迈克尔·特雷斯库（Michael Treschow）的领导下，公司通过工厂合理化和减少产品平台的数量来削减成本，取得了一定成效。1998年，伊莱克斯仔细分析了其70多个品牌组合。由此发现，几乎在每一个国家，伊莱克斯都至少有一个品牌位列前三，这些领先的品牌却因国家而异。这样看来，该公司零散的营销投入无法实现全球或地区范围内的规模经济也就不足为奇了。

由品牌组合的复杂性引出了一个关于伊莱克斯本身的基本问题：它是一家应该让零售商和其他人建立品牌的制造公司，还是一家自建品牌的公司呢？最终，公司的董事会倾向于后者，推动公司启动了一个品牌合理化项目，以创造更少但更强大的品牌。

公司的名字——伊莱克斯将成为主品牌。伊莱克斯的高管们决定，通过逐步淘汰竞争力较弱的本土品牌，同时让伊莱克斯为竞争力较强的地方品牌作代言，以在2007年实现公司主品牌贡献67%销售额的目标。在这个整体的合理化方案中，伊莱克斯在专业餐饮服务设备业务方面的努力充分说明了基于自下而上细分的方法。

1996年，伊莱克斯坐拥42亿瑞典克朗的业务，其餐饮服务设备销往欧洲各处医院、餐馆、机场和自助餐厅的专业厨房。[12] 欧洲的餐饮服务设备市场高度分散，每个国家都有15~25个竞争者，并且各国的竞争者之间几乎没有重叠。

多年来，伊莱克斯收购了一些小型独立公司，每个公司都有一个品牌和一个工厂。到1996年，超过15家品牌争相进军欧洲的食品服务设备业务，包括法国的Molteni、德国的森豪仕（Senking）、英国的CryptoPeerless和意大利的诺德斯特龙（Nordton），只有扎努西（Zanussi）覆盖了整个欧洲。鉴于有如此多的地方品牌，经营着分散的业务，运营着15个规模小和覆盖面窄的独立品牌的伊莱克斯总体上处于亏损状态，1996年其餐饮服务设备业务的营业亏损率为1.3%。伊莱克斯的一项调查表明，领先的品牌会产生更高的溢价。因此，餐饮服务设备的品牌合理化成为恢复盈利能力和保持公司整体战略方向的核心：减少品牌的数量，强化余下的品牌。

为了削减品牌数量，伊莱克斯必须决定应该在餐饮服务设备行业留下多少个品牌。为提供决策信息，伊莱克斯进行了一项基于需求的大型跨国细分研究。与其他许多专业市场类似，餐饮设备行业根据价格和产品规格将市场细分为"低端""中端"和"高端"三个类别。品牌倾向于通过声称自己是"好的""较好的"或"最好的"来瞄准不同的细分市场。伊莱克斯将其品牌定位于三个价格区间，并根据顾客情况进一步细分，如医院、餐厅、酒吧、学校、便利店、餐厅和酒店。

这项研究指出了传统行业细分方法的两个问题：

（1）客户类型并不能真正预测客户的需求。例如，不同餐馆的需求差异很大，将所有餐馆归为一类是无意义的。不存在那个"平均的"餐馆。

（2）每个客户都在为满足自己的需要寻求最佳的解决方案。为什么客户要的是一个好的或更好的品牌，而不是符合其需求的最佳品牌？

伊莱克斯意识到，为每个客户开发最佳解决方案需要从客户需求出发。在整个欧洲范围内进行的需求细分研究，揭示了国家之间存在四个不同类型的细分市场。此外，这四个细分市场各有其不同的客户类型、产品规格、价格指数、分销需求，以及不同的设备使用场景。

由航空公司、五星级酒店和医院等组成的"性能专业化"细分市场要在涉及复杂物流的情况下供应大量的膳食。客户需要高性能、集成的系统，并与其他细分市场的价格指数之比为100。

由酒吧和便利店等组成的"基本解决方案，投资回报快"的细分市场将餐饮作为一项辅助活动，旨在通过基本菜单产生快速投资回报。客户要求以极低的价格（价格指数为25）满足法律和卫生条例的规定。

由员工食堂、家庭餐馆和养老院等组成的"餐饮合作伙伴"细分市场，在正常情况下每天生产不到200份餐食，而且技术能力较低。客户需要模块化的解决方案和密切的供应商关系，并以合理的价格（价格指数为50～75）获取成熟的技术。

由美食餐厅、独立或五星级酒店内的美食餐厅组成的"高级美食家"细分市场，有名厨制作招牌菜，这类客户希望打造一个享有盛誉的厨房，配备非常可靠的炉灶作为身份的象征（价格指数为200～300）。

伊莱克斯决定，在短期内放弃第二个细分市场，因为其价格普遍较低、客户群分散，并且缺乏适当的产品系列。与之相反，它将以独特的品牌瞄准另三个细分市场，重点满足特定细分市场的需求。由于只需要三个品牌，伊莱克斯选择了伊莱克斯、扎努西和莫尔特尼（Molteni）这三个品牌，分别服务于性能专业化、餐饮合作伙伴和高级美食家三个细分市场。这三个品牌是经理们根据市场规模与目标细分市场定位的接近程度确定的。

在进行了细分和删减之后，部门经理决定，应该分别为这三个品牌投资建立一个适合各自目标细分市场的品牌形象。伊莱克斯使用了一个五层品牌金字塔来研究每个品牌的个性、价值、回报、功能优势和特点。

受惠于其品牌合理化方案，伊莱克斯现有三个泛欧品牌，它们被巧妙地定位于最适合每个基于需求的细分市场。其余12个品牌中的两个（Juno和Therma）具有一定的优势，被暂时转化为伊莱克斯的子品牌，而其他10个品牌则全部被淘汰。

用3个强大的泛欧品牌替代了15个地方品牌，这使伊莱克斯能够集中管理品牌。为了让客户认为每个品牌都是其所在细分市场的最佳解决方案，伊莱克斯开发了许多国际营销和沟通交流的工具，包括新的广告理念、品牌专用的互联网和外联网网站、定制的商业文件、新闻简报、路演，以及展览和陈列室概念。受制于成本和能力，绝大多数地方品牌不可能开发出这些工具。

在详尽了解基于需求的细分市场后，管理者就可以为客户开发更少但更合适的产品。欧洲产品开发中心的 100 名设计师和工程师中，大约有 20 人每年会到医院、酒店和办公室食堂两次，每次与那里的餐厅工作人员一起工作 3 天。[13] 这项实地调研（on-site research）发现了一些有益的见解，如更简单的设备清洁方法。基于需求的细分也有助于部门进行重新定位——从一家工程公司蝶变为"美食活动的策划人"。事实上，伊莱克斯坚信，所有部门都要使用基于需求的细分方法来开发新产品。

由此产生的规模经济和范围经济改变了伊莱克斯专业餐饮服务设备业务的命运。它的营业收入实现了近 10% 的增长，从 1996 年的 –1.3% 到 2001 年的 8.1%——净利润增加了 3.9 亿瑞典克朗。

尽管剔除了 12 个品牌，伊莱克斯却在 1996 年至 2001 年期间成功地将销售额保持在 42 亿瑞典克朗。它的下一个挑战是通过大幅增加 3 个品牌的营销投入和 Dito 品牌（瞄准最初被忽视的第四个细分市场推出的新品牌）来增加总收入。

联合利华自上而下的组合方法

1999 年，英荷两国的消费品巨头联合利华陷入了收入连续 3 年下降的困境。继 1996 年增长 6% 后，它于 1997 年、1998 年和 1999 年的营收分别下降了 11%、9% 和 0.2%，全球营业收入跌至 270 亿英镑。

20世纪90年代,3%~4%的年销售额增长低于公司5%~6%的期望值。11%的营业利润率虽然健康,对管理层来说仍然是不可接受的。2000年对美国贝斯特公司(Bestfoods)的收购将带来更多品牌,如好乐门(Hellmann's)和家乐(Knorr)。

在检查其全球1600个品牌组合时,高层管理人员发现,400个核心品牌创造了公司75%的收入,其他1200个品牌只贡献了8%。管理者同意采取激进的措施。

联合利华启动了一项五年计划,名为"增长之路";该计划将加强400个核心品牌,更引人注目的是,还会清除、删减或合并其余1200个边缘品牌。该战略有两个目标:(1)到2004年年底,将年销售额增长提高到5%~6%,同时将营业利润率提高到16%以上;(2)在计划执行期间使每股收益实现至少两位数的增长。

首先,联合利华制定了一个识别400个核心品牌的流程。它设定了以下3个选择标准:

(1)品牌规模:品牌必须有足够的规模和利润率,这是未来为保持这些品牌的市场竞争力,在传播、创新和技术方面对其进一步投资的重要理由。

(2)品牌力(brand power):品牌必须有潜力成为其市场上的第一名或第二名,并且是零售商门店引流的必备品牌。

(3)品牌增长潜力:从当前对消费者的吸引力和满足未来需求的能力角度看,品牌必须具有可持续增长的潜力。联合利华青睐那些能够迎合全球消费趋势(如健康和便利)并有可能延伸到不同品类的品牌。例如,它将贝多力(Bertolli)从意大利橄榄油重新定位为地中海风格的食品。

管理者创建了一个循环往复的流程，每个区域的品牌团队都提出了列入核心名单的候选品牌，然后与公司总部进行协商。通过这一流程，400个核心品牌被最终确定下来。由于不同地区的品牌有时具有相似的定位和创新，这400个品牌实际上只占据了200个不同的品牌位置。换句话说，联合利华只有200个核心品牌，其中40个是全球性的，如德芙（Dove）、富兰（Flora）、家乐、立顿（Lipton）、力士（Lux）和梦龙（Magnum）。另有160个品牌在特定国家或地区表现很好，成为"地方明珠"（local jewels），如PG Tips和马麦酱（Marmite）。

　　只有当公司通过集中精力于余下品牌而使营业收入和净利润增长时，品牌合理化的努力才会取得成功。在"增长之路"计划实施过程中，联合利华必须在广告促销、创新、营销能力和管理时间4个方面对核心品牌进行大量投资。这些资金有两个来源：第一，它将1200个非核心品牌的资源重新分配给400个核心品牌。例如，联合利华将曾经负责非核心品牌的创新者和品牌营销人员重新配给核心品牌，并将超过5亿欧元的年度广告和促销费用转投于核心品牌。第二，联合利华竭尽全力压缩成本。品牌合理化引发了一项重组计划，需要关闭全球380家工厂中的130家。联合利华还计划在5年内把全球33万员工裁掉10%。若算上购买力（purchasing power）合并与服务共享带来的额外节省，公司每年可通过采购（16亿欧元）及供应链重组优化（15亿欧元）节省约30亿欧元。

　　联合利华将节省下来的资金做改善净利润之用，就可完成经营利润率目标。然而，联合利华决定，在这5年期间，将营销和促销费用从销售额的13%提高到15%——每年额外增加10亿欧元的营销支持。到2004年，加上从非核心品牌营销中转出的5亿欧元，400个核心品牌将获得超过15亿欧元的额外年度投资。考虑到快速消费品产业中的多数品牌得到了大量的营销支持，管理者认为只有如此大幅度的资源转移才会对市场产生显著影响。

对每一个核心品牌，联合利华都系统搜寻未被开发的增长机会，并且这种努力会持续进行。它首先重新考虑当前的市场定位，以及相关的竞争情报（competitive intelligence）和消费者洞见（consumer insights）。它通过回答以下问题寻求增长的途径，即品牌如何能够：

- 触达新顾客；
- 推出新的产品和服务；
- 开发新的配送系统；
- 打入新的区域市场；
- 催生新的产业概念。

如图 6-1 所示，识别增长需要从品类到品牌思维的重大转换。家乐公司以其干制汤品牌为跳板横跨多个品类。

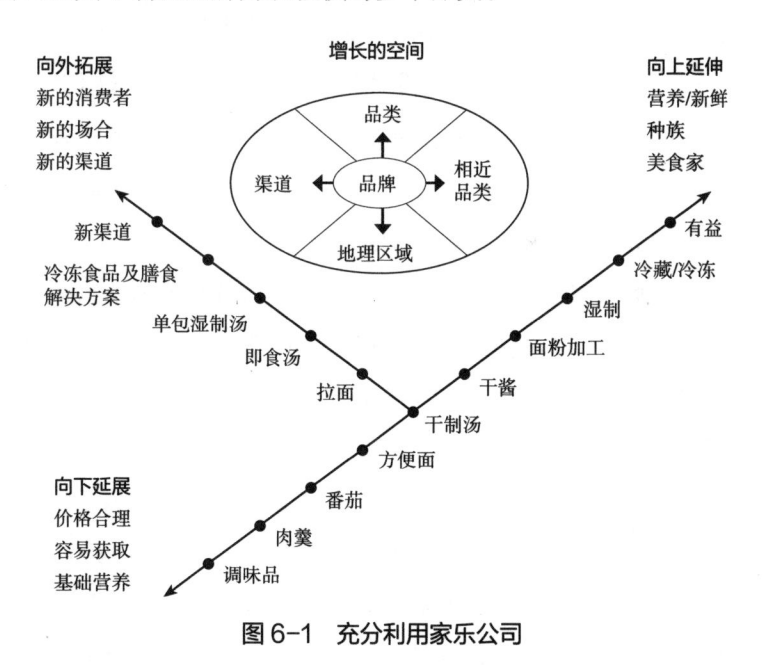

向外拓展
新的消费者
新的场合
新的渠道

增长的空间
品类
渠道　品牌　相近品类
地理区域

向上延伸
营养/新鲜
种族
美食家

新渠道
冷冻食品及膳食解决方案
单包湿制汤
即食汤
拉面
干制汤
方便面
番茄
肉羹
调味品

干酱
面粉加工
湿制
冷藏/冷冻
有益

向下延展
价格合理
容易获取
基础营养

图 6-1　充分利用家乐公司

资料来源：Unilever, 2000.

在某些情况下，管理者会召开品牌成长会议，并将结果称之为"成长的三个层面"（以多芬为例）：

- 拓展和捍卫核心业务——在未来两年内实现（如多芬品牌进入84个国家的市场）。
- 建立新兴业务——在2~3年的时长内出现（如推出多芬除臭剂）。
- 谋划未来的选择——通常在3~5年的时长内达成，建立新团队并发展联合利华目前缺乏的能力（如创设多芬spa）。

1200个非核心品牌中的每一个都被认定为"长尾"，等待它们的是以下4种战略性的命运安排：

（1）出售品牌。联合利华将其核心以外的品牌拿出来转卖。2000年，它将伊丽莎白雅顿（Elizabeth Arden）的化妆品和香水业务出售给位于迈阿密的FFI香水公司；2002年，联合利华将马佐拉（Mazola）玉米油和18个相关品牌出售给英国联合食品公司的子公司ACH食品公司（ACH Food Companies, Inc.）。到2003年，联合利华已经通过剥离87个业务获得了63亿欧元的收入。

（2）渔利品牌。联合利华允许具有足够品牌价值的非核心品牌继续存在，这样就可以通过放弃销售增长以获得更大的利润来"渔利"它们。这些品牌只允许在店内自然销售，公司不为其做任何广告，并且它们的营销人员也被重新分配给核心品牌。

（3）取消品牌。管理者淘汰了一些小品牌，如澳大利亚的罗塞拉番茄酱（Rosella Ketchup）和巴西的Dimension洗发水，然后将其货架空间重新分配给产品组合中更有盈利价值的品牌。品类经理们推动了一项计划，旨在将其顾客转移到联合利华产品组合中的类似品牌之下，这样联合利华就能保持其在该品类中的整体市场份额。

（4）迁移品牌。一些非核心品牌的属性可使核心品牌变得更加丰富，这些属性则被谨慎地迁移到目标核心品牌上。正如安东尼·伯格曼斯提醒联合利华的那样："你不是在转移品牌，而是在迁移消费者。"除了向顾客传达这一转变，营销人员还制订了一个促销方案，以鼓励人们试用更新的品牌——这是一个需要根据实际情况有差别使用的高昂营销策划。

例如，联合利华将占据英国市场6%份额的核心品牌冲浪（Surf）洗衣粉定位为"心地善良、朴实可爱、深情又古怪"。联合利华的英国品牌组合还包括一个拥有2%市场份额的非核心品牌——拉季翁（Radion），它将被淘汰。然而，研究表明，消费者十分喜欢拉季翁"清新阳光"的芳香气味。因此，联合利华剔除了拉季翁，将其香味转移到冲浪品牌，进而推出了焕然一新的"沐浴在清新阳光下"的冲浪品牌。这个改进后的品牌在6个月内就超过了以往冲浪品牌和拉季翁8%的合并份额。

在5年"增长之路"的3年中，联合利华已经实现了其营业利润率和每股收益的增长目标。尽管销售增长率还没有达到2004年的5%~6%的目标，但2002年的总体收入增长了4.2%，其中核心品牌增长了5.4%。由此可见，联合利华正在不断进步中。[14]

联合利华的投资组合已经缩减到750个品牌。1999年占销售额75%的前400个品牌如今仅剩200个了，却占了总销售额的90%，并于2004年年底实现了95%的目标。其中，仅40个全球核心品牌就贡献了公司64%的销售额。

◆ **本章小结** ··

随着零售商实力的日益增强，全球客户越来越多，公司无法继续支撑弱势品牌，必须着手进行品牌合理化。由于删减品牌通常会在短期内降低公司的收入，品牌合理化常常令高层管理人员感到忧心。一些部门、地区或品牌经理将面临公司收缩的风险。高级管理人员应批准品牌合理化的财务目标，以及管理人员应实现这些目标的时间段。这个计划是为了实现长期效益，而不是立竿见影地增加每股收益。

涉及大量品牌或多个品类的重大品牌整合计划可能需要五年时间。一般来说，随着非生产性的营销支出、库存和复杂性的迅速减少，利润回报会提前到来。然而，赢回与被删减品牌有关的收入和市场份额损失需要时间。最高管理层必须现实一点，给经理们足够的时间来落实该计划并展示成果（见"品牌合理化检查表"）。

品牌合理化是有效益的。它可以促进大范围的组织重构，理性取消对边缘品牌的营销支持，使供应链趋向合理，清除难以盈利的产品，并减少组织的复杂性和冗余度。

试想一下，一个品牌组合中的每个品牌都实现了精准的市场定位并发挥着独特的作用，唯有如此，对保留品牌进行大量的资源、人才和创新投资才会实现营业收入增长。

| **品牌合理化检查表** |

品牌组合审查

- 我们的品牌组合是否阻碍了我们在营销工作中获得足够的规模和机会？
- 哪些品牌对我们的利润有贡献？
- 哪些品牌规模较大？
- 从消费者和竞争的角度来看，哪些品牌具有良好的市场定位？

- 哪些品牌遍布多个国家？
- 每个品类中存在哪些基于需求的细分市场？
- 我们是如何针对这些基于需求的细分市场来定位这些品牌的？
- 哪些是我们的核心品牌？哪些是我们的非核心品牌？
- 若是精简非核心品牌，我们将面对多大的销售收入下降风险？
- 在精简品牌后，我们会不会增长更快、创新更多，变得更具盈利能力？

品牌合理化方案

- 我们可以将哪些非核心品牌放心地卖给别人？
- 哪些非核心品牌剥夺了核心品牌的宝贵货架空间？我们应该将它们剔除吗？
- 我们如何能将清退品牌的顾客迁移到核心品牌之下？
- 非核心品牌有哪些能够给核心品牌增加价值的属性？
- 我们怎样才能将这些属性迁移到核心品牌中？
- 我们可以用哪些非核心品牌来更多渔利？
- 在面对顾客和竞争对手时，我们如何使保留的核心品牌处于更有利的位置？
- 就新顾客、地区、交付系统、产品、服务以及概念而言，我们可以在哪些方面发展每个核心品牌？
- 我们是否明确规定了品牌合理化计划的财务目标和时间表？
- 公司品牌的作用是什么？

实施问题

- 我们要在什么时间段内对品牌进行合理化？

- 我们需要的是快速的变革，还是逐步的品牌迁移？
- 在这段时间里，我们是否得到了最高管理层的支持？
- 我们应该采取旗舰品牌策略还是分级品牌策略？
- 我们将如何把资源从非核心品牌重新分配到核心品牌？
- 我们的产品平台将如何与品牌互动？
- 每个品牌需要什么样的产品角色？
- 我们将如何重新调整品牌的地方责任和全球责任？
- 我们可以在哪里测试品牌合理化战略的可行性？
- 我们将如何向重要的利益相关者（如媒体、分析师、投资者和员工）阐明我们的计划和战略？

| 第 7 章 |
从"市场驱动"到"驱动市场"

渐进主义是创新最大的敌人。

CEO 要求、敦促并恳请他们的组织进行创新。CEO 特别强调彻底的或不连续的创新的价值,因为创新有助于公司甩开竞争者,从而实现持续增长。然而,成熟企业中的创新往往举步维艰,而非阔步向前。怎么会这样呢?因为公司当前推崇的是"市场驱动"(market-driven)的流程。

当前实践表明,对顾客需求进行仔细的市场调查,为特定细分市场创造性地开发差异化的产品和服务,这些都会带来成功。各行各业的大公司都有效地采用了这种"市场驱动"方法,如雀巢、宝洁和联合利华。然而,像亚马逊、美体小铺(The Body Shop)、CNN(有线电视网)、宜家家居、星巴克和斯沃琪(Swatch)这样的成功开拓者,通过彻底的商业创新创造了新的市场并彻底改变了现有行业。从本质上讲,它们驱动了市场,它们是"驱动市场"(market-driving)型公司。

以印度南部的阿拉文眼科医院为例。[1]1976 年,58 岁的退休眼科医生文卡塔斯瓦米(G. Venkataswamy)博士制订了一个计划,为印度

2000万名因白内障而失明的居民提供服务。文卡塔斯瓦米打算将相对简单的白内障手术推向市场，让其变得像麦当劳的汉堡包一样流行。印度的医院通常分为两类：一类是为只占人口中很小一部分的富人服务的私人的、最先进的医院；另一类是为人口中占绝大多数的穷人服务的慈善的、陈旧的、拥挤的医院。而且大量居住在农村的穷人无法获取到这些城市医院的服务。

为了实现让盲人重见光明的愿景，文卡塔斯瓦米在印度南部建立了医院，不考虑病人的支付能力，同时为富人和穷人提供服务，富人支付现代白内障手术的费用，而穷人则免费获得几乎相同的服务。阿拉文眼科医院的销售、广告和宣传的重点是吸引免费病人而非付费的病人。例如，销售人员有接收免费病人的年度目标，每周的"销售会议"根据这些目标追踪每个人的表现。阿拉文老练的销售人员在印度乡下寻找其负责区域内的贫困病人，然后免费将他们送到医院。

通过专注于眼科护理和常规程序，阿拉文的外科医生的工作效率非常高，即便他们所服务的病人中有65%没有付费，这个非营利组织的毛利率仍然达到了50%。与发展中国家的大多数非营利性组织不同，它不依赖于捐赠，并试图最大限度地增加免费服务的病人数量（见图7-1）。2002年，阿拉文眼科医院为140万名病人提供服务，并进行了20万次眼科手术。

阿拉文眼科医院的"驱动市场"方法类似于亚马逊、美体小铺、地中海俱乐部（Club Med）、戴尔、宜家家居、索尼、斯沃琪、利乐（Tetra Pak）、维珍和沃尔玛的做法。这些驱动市场型的公司并没有使用传统的市场研究来设计其颠覆现状的战略。市场研究很少能带来这种突破性的创新。[2] 如亨利·福特所说："如果我早听从了顾客的意见，我就会给他们一匹更快的马。"

1980~2001年就诊病人数（人）

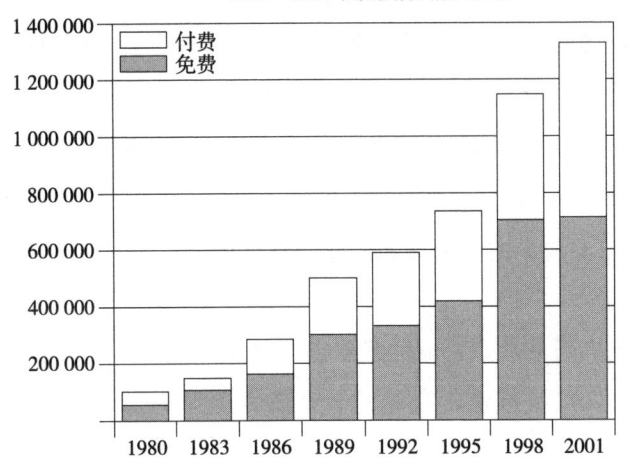

1986~2001年收入（卢比）

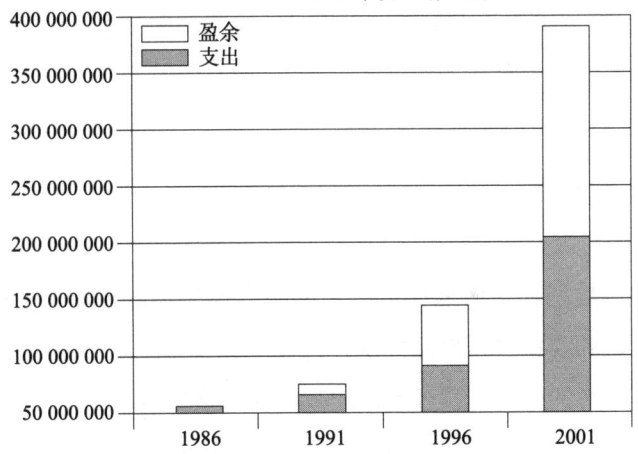

图 7-1　阿拉文眼科医院的增长

驱动市场型组织的激进商业理念的灵感来自文卡塔斯瓦米、美体小铺的安妮塔·罗迪克（Anita Roddick）和维珍的理查德·布兰森（Richard Branson）等有远见的人，他们以不同的方式看待世界，他们的愿景满足了深层次的、潜在的或新兴的顾客需求。这些市场推动者不是专注于在当前市场上获得市场份额，而是创造了新的市场，或者从根本上颠覆了某类市场，使竞争对手（的产品）因过时而被淘汰（例如，沃尔玛于1962年创立，当年的十大折扣商如今没有一家在经营）。[3] 最终，这些组织通过"驱动"其市场、规则和各个方面，彻底改变了它们的行业。

这些组织成为市场驱动者的原因有三个：

（1）它们触发了行业的突破点，或英特尔的安迪·格鲁夫（Andy Grove）所称的"战略拐点"，即通过彻底的商业创新改变行业的基本面。

（2）远见卓识的而非因循守旧的市场调研激发了它们不同凡响的商业理念。

（3）它们不是从现有顾客中学习，而是经常引导潜在顾客消费他们截然不同的价值主张。

驱动市场型公司

驱动市场型公司的成功取决于两个方面的彻底创新：价值主张的不连续飞跃和独特价值网络的快速配置（见图7-2）。价值主张（正如第2章所定义的）是给顾客提供的效益和价格的组合。

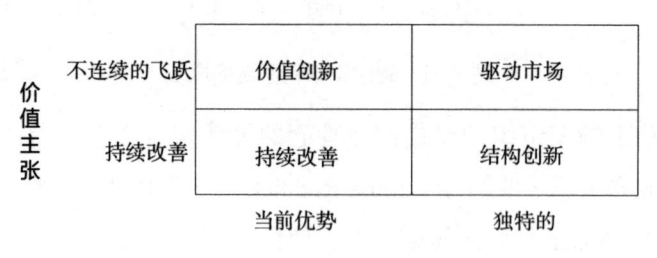

价值主张	不连续的飞跃	价值创新	驱动市场
	持续改善	持续改善	结构创新
		当前优势	独特的

价值网络

图7-2 战略创新的类型

"驱动市场"的宜家家居风格

英格瓦·坎普拉德（Ingvar Kamprad）于20世纪50年代开创了家居零售公司——宜家家居，现在他有数万名员工，业务范围遍及30个国家，营业额达110亿欧元。宜家家居没有像传统的提供全方位服务的高端家具店那样瞄准市中心的中年人，而是集中关注年轻人和年轻家庭。对这些顾客来说，宜家家居提供了简洁的斯堪的纳维亚式的设计和形象、品类繁多的产品、便捷的送货服务，能以低廉的价格享受到自助服务、自行组装和自行运输等，营造了一种愉快而轻松的购物氛围。如图7-3所示，像宜家家居这样的驱动市场型公司并未处在现有行业等价值线（iso-value line）附近，而是在顾客价值方面实现了大跨度的飞跃。

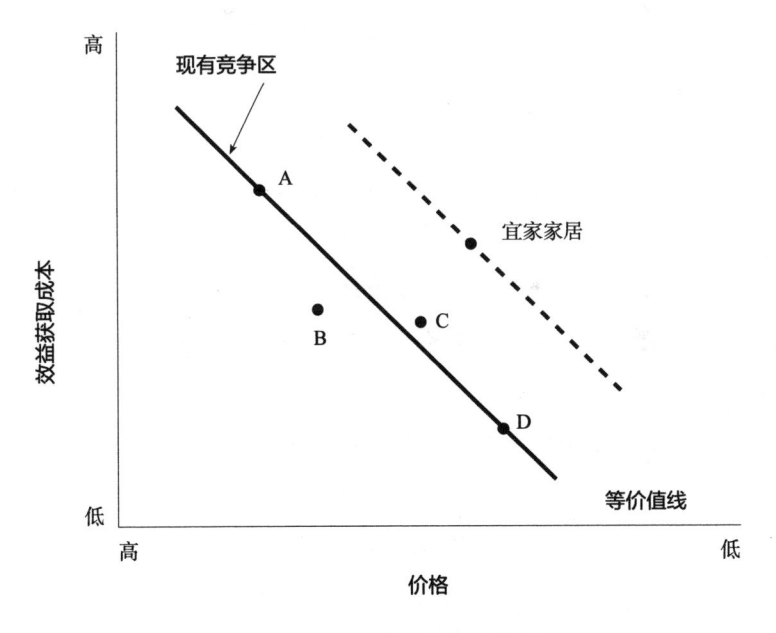

图7-3 宜家家居实现的顾客价值飞跃

顾客价值的变革可能需要突破性技术或突破性营销。像宜家家居这样的公司，它的成功不在于新技术，而在于其积极利用现有技术，以突破传统的方式为顾客服务。驱动市场型公司成功的关键，在于它们创造并提供飞跃性的效益，同时减少顾客为获得这些效益而做出的牺牲和妥协。[4] 它们创造的产品或服务体验大大超过了顾客的期望和现有的替代方案，从而提升了这个行业的格局。

关键词"价值网络"指的是创造、生产和传递价值主张所需的构造（configuration）。传统家具店面临一种四面楚歌的境地——昂贵的独立设计师、高额的在制品库存、劳动力集中的手工制造、成品的运输与储存、零散的营销、昂贵的零售点、精心的商品展示，以及价格不菲的送货服务。由此观之，宜家家居不能仅仅通过改进这种传统商业模式实现大的价值飞跃，它不得不从根本上重构这一模式。CEO安德斯·代尔维格（Anders Dahlvig）说："大多数人都在模仿别人的做法，并试图在各处做得更好，我们所做的则完全不同。"[5]

如表 7-1 所示，宜家家居独特的价值网络采用了有成本意识的室内设计、通用的零部件、大批量制造的零部件、零部件库存（而不是更昂贵的成品库存）、物流的广泛计算机化，其自然的斯堪的纳维亚式形象，坐落于城市周边相对经济的位置以及简单的展示设施，将最终的运输和组装留给消费者。[6] 要想效仿宜家家居的价值主张并从中获利，依赖传统渠道的公司需要放弃现有的价值网络，同时迁移到宜家家居的网络。

在市场上，价值主张是清晰可见的，而价值网络却难以察觉，因此竞争者往往忽略了后者的重要性。如果没有独特的价值网络，当前竞争者可以相当迅速地效仿价值主张，从而通过价值主张的飞跃获得优势。因此，改变游戏规则的驱动市场型组织是那些在图 7-2 中的两个维度上进行创新的组织。独特的价值网络产生了一个更持久的优势。不论是获得这些能力，还是通过召集组织内和组织间的参与者效仿这种独特的价值结构，潜在的竞争者都需要一定的时间。

表 7-1　宜家家居独特的价值网络

	设计	零件	装配	物流	营销	服务
传统家居店	• 独立的设计师 • 精细、复杂的设计	• 大量的在制品 • 定制化的手工制作	• 劳动密集 • 根据订单生产	• 运输成本高、大量的成品	• 分散的 • 在核心商圈展示，价格昂贵	• 全面的服务 • 向顾客小批量交货
宜家家居	• 自有设计师 • 简约设计，成本低廉	• 模块化、可互换的零件 • 批量生产 • 新型且更低廉的原材料	• 顾客自己组装	• 物流计算机化 • 运输模块化产品	• 借助于斯堪的纳维亚式的形象 • 在城区外展示，价格低廉	• 自助服务 • 顾客自己运回家

资料来源：Xavier Gilbert,"Achieving Exceptional Competitiveness"(presentation at IMO, Lausanne, Switzerland, 1997).

市场导向的四种类型

除了"驱动市场"类型，还有三种面向市场的企业定位："销售驱动"（sales-driven）、"市场驱动"（market-driven）和"顾客驱动"（customer-driven）。

销售驱动型公司将营销视为将其生产出的任何产品都销售出去的工具。在这样的公司中（通常是公用事业、垄断企业和一些大型制造商），营销等同于销售。

市场驱动型公司在市场调查的基础上，为目标细分市场开发合适的产品，并塑造符合市场期望的产品形象。大多数成功的快速消费品公司都属于这个类别，如欧莱雅。

顾客驱动型公司以"细分市场"为目标，通过"关系营销"

第 7 章 | 从"市场驱动"到"驱动市场"

（relationship marketing）提供定制的价值配置。为高净值人群提供服务的瑞士私人银行业正是这种顾客驱动型公司的典型代表。

表7-2总结了这四种市场导向之间的主要区别。值得注意的是，这四种类型均是理想类型，没有一个大型机构会采用单一类型的市场导向开展其所有业务。

表7-2　市场导向的四种类型

	销售驱动型	市场驱动型	顾客驱动型	驱动市场型
营销战略	大众营销（如何销售？）	差异化营销（塑造什么样的形象？）	关系营销（为谁服务？）	革命性营销（如何改变游戏规则）
细分市场战略	不做区分	按市场细分	聚焦某个细分市场	消灭产业细分市场
市场调查"聚焦于"	市场测试（如何售出产品？）	市场感知（市场需要的是什么？）	顾客感知（这个顾客想要什么？）	未来感知（市场将会如何发展？）
"倾听于"	研发部门	市场声音	顾客声音	独特洞察
价格管理	成本加成	感知价值	捆绑定价或分离定价	新价位
销售管理	兜售产品	推销形象	售卖解决方案	教育顾客
渠道管理	产品或渠道匹配	产品或市场匹配	多元复合系统	渠道重置
品牌管理	产品优势	传播品牌价值	股东权益对话	利用"群蜂网络"（Buzz Network）
顾客服务	支出	策略性武器	战略性武器	远超预期
产品开发	新产品	渐进式创新	整合产品或服务平台	颠覆性创新

驱动市场型组织如何抓住优势

基于对 25 家驱动市场型组织的深入研究，本章不仅关注驱动市场型组织如何竞争，还关注支撑这些组织的变革性营销战略。[7] 下文将详细介绍驱动市场型组织与传统组织在营销战略各个方面的不同之处。

以愿景而非市场调查为导向

消费者和组织采购者（如采购代理商）非常擅长激励和评估渐进式创新。然而，消费者一般很难自己想象出革命性的产品、概念或技术。斯沃琪就是一个很好的案例。在消费者研究中获得最高购买意向评级的斯沃琪型号看起来像传统的手表，最终只产生了很少的销量，而那些被评为最不可能售出的斯沃琪表款，后来却成了畅销品。如果斯沃琪将市场调研（的结果）奉为圭臬，它可能已经与成功擦肩而过。类似地，在星巴克咖啡、CNN 或隔夜达快递问世之前，顾客也没有对它们趋之若鹜。

驱动市场型公司反而将愿景家们联合在一起，这些人洞察到了别人看不到的机会——一个填补未得到满足的潜在需求或提供前所未有的顾客价值的机会。在驱动市场型企业中，"创意"（the idea）的产生和发展是机缘凑巧、缺乏经验和锲而不舍的结合。例如，霍华德·舒尔茨（Howard Schultz）当年被维罗纳和米兰的意大利咖啡文化所吸引后发誓将其带到美国，随即在 1987 年收购了星巴克。

愿景家往往在该行业涉足不深，这意味着他们尚未被灌输该行业的公认常识。耐克的比尔·鲍尔曼（Bill Bowerman）曾是大学田径教练，地中海俱乐部的杰拉德·布利茨（Gerard Blitz）原是一名钻石切割师，而宜家家居的英格瓦·坎普拉德则是从卖鱼开始其创业生涯的。普遍来讲，这些愿景家能够做到屡败屡战、百折不挠，并锲而不舍地为实现自己的理想而奋斗。例如，联邦快递（FedEx）的弗雷德·史密斯（Fred Smith）在耶鲁大学读三年级时，在一篇商学院的学期论文中提出了保证隔夜交货的想法。他的这篇论文只得了C，因为老师不相信它的实用性。[8]

驱动市场型公司在完善其战略之前，会摸着石头过河，花费数年时间逐步完善其愿景。山姆·沃尔顿最初的开店尝试并不理想。据报道，沃尔玛的CEO大卫·格拉斯（David Glass）曾受雇于一家竞争对手，当时在查看了第一家沃尔玛城市折扣店后说："那些家伙永远不会成功。"山姆·沃尔顿坚持不懈地对方案进行改进，直到其取得成效。那些愿景家中很少有人想到他们的商业理念会取得最终的成功。正如思爱普公司的联合创始人哈索·普拉特纳（Hasso Plattner）所言："当人们问及我们如何计划这一切时，我们回答，'我们没有计划，它就这样发生了'。"[9]

因为它们正在改变游戏规则，并在成功的道路上面临重重阻碍，所以驱动市场型公司招募和选择那些认同该组织价值观的人。通常这些公司想吸引那些在该行业缺乏经验的人，这些人没有被灌输该行业的传统观念，不会去思考驱动市场的理念注定要失败的原因。这些员工相信自己肩负着使命，而不仅是为了赚钱，这让他们有强烈的工作动机。一位极具魅力的领导者热情洋溢地阐述着令人信服的愿景，将这些员工变成了斗士。

- 山姆·沃尔顿想"让世界有机会看到省钱并拥有更好的生活方式是什么样，并给所有人带来更美好的生活"。这个使命与这样一种信念相辅相成——沃尔玛商店将会"降低所有人的生活成本，而不仅是美国人"，充分激发了员工的工作热情。
- 90%的美体小铺加盟商是女性，她们没有接受过正式的商业培训，而是根据性格测试、家庭拜访，以及对待环境和人的态度来选择。她们被创始人安妮塔·罗迪克的理念所激励，即她们可以通过美体小铺改变人们的生活，改变世界。
- 在联邦快递的早期发展阶段，有一些快递员把他们的手表当掉了，以支付汽油费。

这些兼具历史与"神话"成分的故事成为大多数驱动市场型公司组织文化的一部分。

重新划定行业细分市场

围绕驱动市场型公司的产品/服务供应和营销战略，通过从各类固有的市场细分中吸引顾客，一个新的市场逐渐形成。这在行业中造成了混乱，破坏了在驱动市场者进入之前业已存在的行业细分，取而代之的是一系列风格迥异的新的细分市场。

- 阿拉文眼科医院不认可富裕病人和贫穷病人之间的典型细分。
- 西南航空公司取消了地面交通和航空之间的细分，吸引了许多本来根本不会坐飞机的人。
- 斯沃琪凭借其廉价和时尚的手表，弥合了廉价、实用的手表和昂贵、时尚的手表之间的鸿沟。
- 沃尔玛证明了农村小城镇也可以支撑大型折扣店，而这些折扣店以往只设在大型城市地区。
- 当现有的软件供应商集中于为各部门（如制造、销售、人力资源）开发不同的软件包时，思爱普通过开发能够整合和运营整个业务的企业软件消灭了这些细分。

为价值创造新的价位

为实现顾客价值的飞跃，驱动市场型公司为顾客提供的质量或服务水平建立了新的行业价位。斯沃琪、阿拉文眼科医院、西南航空和嘉信理财都将价格定得比以前类似产品低得多。这使当前竞争对手面临巨大的压力。竞争者必须在经营和产品线上做出巨大的改变才能生存,但它们不能迅即迎接挑战,因为无法在短时间内通过成功复制创新的价值网络降低价位。美国大陆航空在试图以"精简航班"(Continental Lite)与西南航空竞争时,就深刻地认识到了这一点。

- 当西南航空公司进入一个新的城市时,它同时与地面交通和航空服务进行比价,这样它的机票价格至少比竞争对手低60%。例如,在其历史早期,西南航空从达拉斯直飞圣安东尼奥的票价是15美元,而第二便宜的竞争对手布兰尼夫的票价为62美元。一位股东向CEO提问:"你能不能把价格提高两三美元?"他的回应是:"我们不是在与其他航空公司竞争,而是在与地面交通竞争。"

- 斯沃琪采取了简单易行的入门产品定价策略(introductory pricing strategy):在美国是40美元,在瑞士是50瑞士法郎,在德国是60马克,在日本是7000日元。尽管需求量很大,但在最初的10年里一直保持着这个价位。

虽然当前趋势是在较低的价位上实现更高的性能,但是驱动市场型公司使高于行业标准的价位得到市场认可。CNN、星巴克和联邦快递制定的价格大大高于顾客一直以来的支付水平。要让买方愿意支付更高的价格,需要这些驱动市场型公司有一个比现有替代方案更有说服力的价值主张。

教育顾客以促进销售增长

有了不同凡响的新观念,驱动市场型公司的销售任务就不在于销售,而是教育顾客了解其非凡的价值主张的存在,并懂得相应的消费方式(见图7-4)。

> **欢迎**
>
> **我们的目标**　在易捷租车，我们的目标是为您提供物有所值的服务。对我们来说，物有所值意味着以低价提供可靠的服务。我们通过简化所提供的产品来实现这一目标，同时以低廉的价格让您得到实惠。
>
> **我们如何做到这一点？**
>
> - 易捷租车为每位顾客提供综合保险，并承诺不收取任何损坏赔偿金。
> - 我们的"把干净的车带回来"的政策使我们能够有效减少每个站点的工作人员。这使我们能够降低汽车租赁的成本。不想遵守"把干净的车带回来"的顾客可以归还弄脏的车，易捷租车将提供相应服务，收费为 10 英镑（16 欧元）。
> - 易捷租车实行的是"空对空"的燃料政策。通过不提供加油服务，我们能够进一步减少每个站点的工作人员。
> - 通过施行收益管理（yield management），我们确保每个人每天都支付合理的租金。您越早预订，费用就越少。详情请见"我们的价格"页面。
> - 易捷租车确保 90% 以上的汽车能随时出租给顾客。无论车辆已出租还是在停车场，易捷租车都会为其付费。高使用率意味着我们所有顾客所支付的平均价格会大大降低。
> - 通过将修车成本从租车成本中分离出来，我们确保那些租期较长的人不会补贴租期较短的人。

图 7-4　易捷租车的欢迎页面

- 通过不退还订金，我们能够提供低价。如果你不准备承担订金损失风险，你应该考虑在我们的竞争对手那里预订。
- 通过设定免费里程补贴，我们确保那些希望长途旅行的人能够节约旅行费用。
- 通过在我们每个站点提供单一型号的汽车，我们省下了需求量较小的一系列汽车的维护费用。
- 可以通过我们的网站或电话中心进行预订，由此避免了向旅行社等中间商支付佣金。
- 通过评估每个司机的风险状况，我们确保顾客只为他们所代表的风险支付保险费用。
- 通过在汽车上展示我们的名字而增加了营销曝光率，这使我们能够削减广告费用。
- 通过拒绝提供送货、取货或单程租赁，我们节省了与提供这些昂贵服务相关的隐性成本。
- 通过运营高费率的电话帮助热线，提供电话支持的费用只由有需要的人承担。

感谢您的访问，希望您喜欢使用我们的网站和服务。

资料来源：易捷租车官网。

图 7-4　易捷租车的欢迎页面（续）

- 阿拉文眼科医院必须不断鼓励其以视力障碍为主的"免费"患者，他们的视力实际上是可以恢复的，而且他们可以免费接受必要的手术。
- 宜家家居必须使消费者了解将家具部件运回家自行组装的好

处，而不是购买预先组装好的家具再送货。当宜家家居进入瑞士时，公司在刊登的广告上开玩笑说，瑞士人即使可以享受低价也不愿意运输和组装家具。这些广告围绕自行交付和自己组装进行自嘲："这是一件愚蠢的事情；你不能这样对瑞士人。"

重构渠道

几乎在所有的驱动市场型公司中，渠道重构开启了结构创新（architectural innovation），产生了独具特色的业务系统。看看下面的例子：

- 联邦快递使用自己的飞机通过"中心辐射"式（hub and spokes）空运系统运输包裹，而不是通过像埃默里（Emery）等竞争对手常用的"点对点"（point-to-point）民航。联邦快递按时交货的可靠性是埃默里的两倍。
- 贝纳通（Benetton）将简单的、非必要的任务分包出去，只执行关键的质量维护任务，如染色。通过在染色前而不是在染色后编织产品，与其他竞争对手相比，贝纳通可以更快地对关于颜色偏好的销售数据做出反应。
- 为大幅削减供销网络的成本，沃尔玛采取了以下措施：坚持要求宝洁和其他供应商合理地调整产品线；开展每日特价促销；取消批发商；为每家公司出具一张发票；与沃尔玛商店建立电子联系。

利用"群蜂网络"获得品牌依恋[①]

驱动市场型公司往往更多依靠"群蜂网络"来传达信息。由于这

---

① 舒尔茨（Schultz）在 1989 年最先提出"品牌依恋"（Brand Attachment），并将"依恋"定义为针对某一特定对象，消费者所产生的感知和联结程度。——译者注

些公司提供了顾客价值的飞跃，许多顾客会将其"惊人的新发现"通报给其他人。商业期刊和大众媒体的记者希望成为第一个报道颠覆性创新的人。早期采用者和意见领袖产生了驱动市场型企业力求保持的兴奋感和品牌魅力。因此，驱动市场者在传统广告上的投入较少，与现有竞争对手相比，它们的广告销售比率（advertising-to-sales ratio）低了不少。

- 西南航空公司自豪地宣称："我们在外面有很多大使，他们就是我们的顾客。"每年都有来自数十个城市的代表恳求西南航空在他们那里推出服务。
- 1958年，《生活》杂志对地中海俱乐部进行了13页图片宣传，吸引了远远超过其接待能力的顾客。1962年，即第一个村庄建成12年后，地中海俱乐部拒绝了超过10万名申请者，因为它只能容纳7万名会员。
- 耐克公司在达到10亿美元的销售额之前，没有做过任何一个全国性电视广告。耐克使用的是"足碑"广告，即让最好的运动员穿上它的产品。
- 维珍公司的理查德·布兰森通过以下方式不断产生免费的新闻报道：热气球探险；引人瞩目的媒体战，如在所有的飞机上画着反对英国航空公司和美国航空公司（BA-AA）合并提案的横幅；以"变装"的方式公开出现。

远超顾客期望

驱动市场型企业提供的服务水平高于消费者对其价格的预期，甚至远远超出了顾客期望。

- 阿拉文眼科医院的贫困患者从未指望能恢复视力，因为手术超出了他们地理、经济和心理上的承受范围。

- 由于其他折扣商的糟糕服务降低了顾客的期望，反衬出沃尔玛提供了极大的价值。每当休斯敦下雨的时候，在沃尔玛的折扣店和山姆会员店（一家以 10% 的微薄毛利经营的仓储式会员店），都会有一位挥舞着雨伞的客服人员将顾客送到他们的车上。难怪一个普通顾客每年会光顾沃尔玛 32 次，而凯马特（Kmart）的顾客每年只在那里购物 15 次。
- 在 1987 年至 1993 年，廉价的西南航空公司以最低的顾客投诉、最少的航班延误以及最少的行李处理失误 12 次，赢得了商业航空的非官方"三项桂冠"，这是一项前所未有的壮举。其 CEO 赫布·凯莱赫（Herb Kelleher）指出："以高成本提供优质服务是很容易的，以低成本提供糟糕的服务也很容易。难的是以低成本提供优质的服务，而这正是我们的目标。"[10]

现有公司驱动市场的障碍

现有大型公司通常会采取渐进式创新，而非颠覆式创新。由于驱动市场型公司的成功取决于价值和网络方面的革新，驱动市场者通常是新手，这些创始人对其古板的雇主感到失望：

- 本·富兰克林（Ben Franklin）特许经营总部拒绝了作为其特许加盟商之一的山姆·沃尔顿"小城开大店"的想法。
- 许多大型鞋类制造商拒绝接纳运动鞋的概念，即一种鞋底较轻，具有更好的支撑力、摩擦力和稳定性，能让运动员感到舒适的鞋，而耐克公司最终将其付诸实践。
- 在德国 IBM 拒绝为帝国化学工业集团（ICI）开发企业软件的请求后，一群前 IBM 员工成立了思爱普公司。

为什么成功的在位创始人在结合价值主张和价值网络的颠覆式创

新方面犹豫不决呢？主要是因为他们既有的新业务开发流程无法适应以下四个"驱动市场"创意的特点。

"驱动市场"创意颠覆了行业假设

驱动市场创意在本质上是特立独行和偶然的。没有人能够预测这种创意会在哪里产生，或者谁会产生这种创意。由于大多数公司的组织模式均指向效率，它们不会对意想不到的事做出反应。[11] 此外，个体隐瞒驱动市场的想法有承受重负之感，因为这些想法是对行业普遍看法和现有智慧的反叛。由此，行业经验丰富的成熟企业成了驱动市场的绊脚石。人们不可能轻易地抛弃传统智慧，无论它是多么的无关紧要。[12] 当前的市场领导者往往会摒弃那些与行业的普遍智慧相冲突的特立独行的想法。对历史甚至对现在的迷恋，都会妨碍企业塑造自己的未来。

以连诺海尔（Linotype-Hell）为例，这家德国公司于1886年发明了连诺铸排机（Linotype）。20世纪70年代以前，"热式字"（hot-type）连诺铸排机系统被广泛用于印刷书籍、杂志和报纸。尽管该公司曾主导了出版技术的每一次进步，但基于软件和扫描仪印刷的数字时代使其措手不及。由于连诺铸排机的管理者坚持他们的"热式字"思维方式，公司的股票从1990年5月的970马克的历史最高点跌至1996年7月的56马克。1997年，海德堡印刷机械公司（Heidelberger Druckmaschinen, AG）收购了连诺海尔。

"驱动市场"创意存在风险

"驱动市场"理念存在较高风险。对价值主张和价值网络的每一次颠覆式创新，可能是以数百次失败为代价。一位追逐驱动市场梦想的企业家在投入巨大的努力但资金不足时，他就被认定为具有下跌风险

（downside financial risk）。然而，如果这个创意成功，他就有无限的上升潜力来创造巨大的个人财富。在大多数组织中，成功的驱动市场创意的发起人可能会获得丰厚的奖金或晋升（上行潜力有限），但失败可能会毁掉他的职业生涯（巨大的下行潜力）。当颠覆式创新的高失败率与多数大型组织的风险回报率相结合时，追求驱动市场的理念对员工来说是不理性的。

"驱动市场"创意总是败给渐进式创新

许多公司的新业务开发流程往往不喜欢并进而压制可能创造新市场的突破。在争夺注意力、资源和认可时，渐进式创新项目往往要比那些更彻底的创新项目更具优势。在大多数现有企业中，新产品开发和新业务开发流程更倾向于支持可控的、可逆的、可分割的、有形的和常见的项目。项目必须明确地使当前顾客受益，沿着组织的发展方向，并与研发投资、企业形象管理、销售培训和分销相协调——所有这些都很少成为颠覆性创新产品的特征。

现有公司根据技术可行性和潜在的市场规模来选择新的业务发展机会。然而，在早期发展阶段，没有人能确切知道哪种技术需要具备什么样的功能才能在哪些市场取得成功。普遍的情况是，在没有明显市场的情况下，恐怕难以解决技术和运营方面的问题。在公司进行实验时，预期的应用可能消失，而未预见的机会却开始浮现。

例如，纽特公司（Nutrasweet）最初的创新——取代糖精和人工甜味早餐麦片——没有成功，因为糖精使用者实际上更喜欢糖精的余味，纽特早餐麦片还遇到了技术和监管障碍。纽特反而在存有不满的食糖用户中发现了一个炙手可热的市场。[13]

"驱动市场"理念会竞食现有业务

结果就是，成熟企业往往认为它们在目前状况下投资太多，不愿意冒破坏现有产业和市场的风险。公司产品之间竞食（cannibalize）的威胁越大，驱动市场创意遇到的阻力就越大。

- IBM 专注于大型计算机的时间过长，因为个人电脑需要一个不同的分销系统，利润率低且缺乏售后服务机会。
- 通用汽车和福特对小型货车流行的市场反应太慢，因为小型货车威胁到了它们的旅行车市场。
- 博士伦公司（Bausch & Lomb）因其强大的永久软性角膜接触镜（即隐形眼镜）和清洗液业务而忽略了更舒适的日抛型隐形眼镜（daily disposable soft lens）市场。

"驱动市场"的转型过程

虽然新的创业型公司可以专心致志地追求一个成败在此一举的驱动市场型项目，但大多数成熟公司肩负着很多责任，它们只能亦步亦趋地追赶驱动市场型公司。如果不改善现有的业务，抛弃以往把大部分精力致力于"市场驱动"（如渐进式创新和传统的市场调查）的行为，它们就无法追求颠覆式创新。然而，高层管理人员必须为颠覆式创新寻求空间和资源，否则他们的市场领导者地位就有可能被后起的驱动市场者超越和取代。

公司需要左右逢源，能够同时管理渐进式创新和颠覆式创新。[14] 然而这很难做到，因为渐进式创新和颠覆式创新是不同的"物种"，它们需要不同的文化支持（见表 7-3）。正如达索系统（Dassault System）的总裁伯纳德·查尔斯（Bernard Charles）所说的：

通过持续改进和稳步前进的做法，风险厌恶程度高的公司文化最终会推动创新，结果是其在实现目标方面更具一致性。风险厌恶程度低的（公司）文化倾向于通过独一无二、大胆自信的举措收获巨大利益。它们并不总是能成功，不过一旦成功，就会产生深远的影响。[15]

表 7-3　渐进式创新与颠覆式创新

	渐进式创新	颠覆式创新
不确定性	低	高
聚焦于	现有产品的成本或功能改进	开发新的产品、服务和功能
商业模式	已知的——可以制订出详细计划	难料的——计划在实践中发展
价值网络	利用现有的行业价值网络——提升现有能力	需要新的价值网络——打破现有能力
项目发展过程	线性的和连续的 正式的、阶段式的模型，以实现高度控制	偶发的和不连续的 非正式的、灵活的模式，包容偶然性
资源	标准资源分配流程	创造性地获取资源
项目速度	成为第一个很重要	时机很重要，要在市场"准备好"的时候
顾客互动	与主要顾客一起测试，并从中学习	与边缘顾客一起进行推测

资料来源：http://www.1000ventures.com/business_guide.

现有企业的管理者必须通过甄别项目来平衡公司产品组合中的渐

进式创新和颠覆式创新，以便有前景的渐进式项目和颠覆式项目都能获得时间、金钱和资源的支持。一家希望参与驱动市场的公司面临两个挑战：它必须有产生突破性理念的愿景和环境，同时它必须有资本、毅力和风险承受能力坚持下去，以便给颠覆性理念一个公平的成功机会。

第一个挑战需要培养"转换视角"的能力。鉴于颠覆性理念往往源于个体的想象力，公司必须创造一种能令个人创造力得到充分发展的环境。如果没有转换视角看问题的能力，公司就无法改变游戏规则。第二个挑战是成功地推销其独特理念，这需要团队的努力。如果没有贯彻驱动市场理念的能力，公司就容易半途而废，如施乐公司（Xerox）的个人电脑和百代唱片（EMI）公司的扫描仪技术。

渐进式创新是一个持续的过程，与此不同的是，驱动市场的创意更多是在项目的基础上发展起来的。或许萨默塞特·毛姆（Somerset Maugham）①关于小说写作的看法在此适用："小说写作有三条规则。不幸的是，没有人知道它们是什么。"然而，某些做法可以帮助现有企业提高其推动市场创新的概率。正如维亚康姆公司（Viacom）董事长兼CEO苏姆纳·雷德斯通（Sumner Redstone）曾指出的："阻碍创造力的不是公司规模，而是管理不善。"[16] 有志于推动"驱动市场"创新的公司应采取以下程序和做法。

开发识别隐性企业家的流程

任何一家大公司都有许多员工萌发出颠覆性的商业创意。高层管理人员必须使鼓励发散性思维的流程成为正式制度，并在公司内部发现这些隐藏的企业家。例如，1992年日本电器公司（NEC）邀请其员

---

① 威廉·萨默塞特·毛姆（1874—1965），英国小说家、剧作家。著有长篇小说《人性的枷锁》《月亮与六便士》等。——译者注

工为自己的创业公司出谋划策,以便为新的商业构想提供在公司科层体系之外发展的空间。[17]这项名为"风险投资促进和创业者搜寻计划"的活动收到了146份提案。

现年56岁的城田(Shirota)是日本电器公司的职业雇员,他提交的建议书得到了采纳。他的商业构想是开发并推广一种软件程序,旨在为日本的和服制造商提供高科技的设计工具。通过将顾客的照片扫描到电脑中,然后与和服图形叠加在一起,顾客就可以"试穿"不同的和服,而无须真正换衣服。这家名为凯诺亚科技(Kainoatec)的公司成立于1995年,其1300万日元启动资金中的54%由日本电气公司提供,而城田和他的同事小泽(Koterazawa)每人出资了300万日元。自公司运行以来,凯诺亚科技已经为眼镜行业开发了类似的软件,这样顾客就可以在不摘掉眼镜的情况下试戴眼镜。该公司创立的第一年就创造了近500万日元的利润,此后销售额和利润逐年增长。

内部创业者计划已成为日本电器公司的一项年度活动,该活动已产生了600多个新的商业构想。为了最大限度地增加提案数量,该计划每年都会向日本电器公司及其子公司的所有员工发送宣传请柬。此外,最初的提议只限于提出新的商业构想的概述。后来,在提议经过多个筛选步骤后,通过详尽的商业收集计划汇总了预计销量、利润和投资信息。正如凯诺亚科技总裁城田指出的,该计划有助于在日本工薪阶层中发现隐藏的企业家,他们正等待着有人拍一拍他们的肩膀,给他们一个(施展才华的)机会。

为偶然性留出空间

偶然性在许多颠覆式理念产生的过程中发挥了作用。为了包容偶然性,3M公司的研究人员被鼓励将多达15%的时间用于他们所选择的研究项目。这确保了以问题为导向的研究不会排除所有以好奇心为导向的研究。一位员工试图为他的赞美诗集开发一种更好用的书签，3M公司著名的便利贴（Postit notes）就这样被发明出来了。与此类似，瑟尔公司（Searle）的一位科研人员在寻找治疗溃疡的新方法时，发现了人工甜味剂纽特阿斯巴甜（Nutrasweet）。正如熊彼特（Schumpeter）[①]所言："历史是对'结果'的记录，其中绝大多数是人们无意中创造出来的。"不幸的是，多数公司在业务流程重组[②]上的努力已经消除了大部分的闲置资源，而它们恰恰是偶然性蓬勃发展的温床。

通过挑选和搭配员工产生创造力

为了产生新创意，日产国际设计公司（Nissan Design International）雇用了一群不同的人，让他们以一种对比鲜明、两两成对的方式工作（例如，将书呆子和嬉皮士搭伙），以这种方式有意促进"创意摩擦"（creative abrasion）。公司鼓励员工展示他们的"性格测试"彩色图表，以方便管理人员进行（人员的）混合搭配。

在一个以创造力和产能过剩著称的行业中，百代唱片的董事长兼CEO阿兰·利维（Alain Levy）同样通过使用一个双头结构（two-headed）来对技能和态度进行混合搭配，并获得了成功，他称之为"我的创意思维头脑和他的非创意思维头脑"。例如，维珍音乐的负责人马特·塞雷蒂克（Matt Serletic）发现了新的人才，而罗伊·洛特（Roy Lott）则在财务上对塞雷蒂克进行控制。[18]

为了实施创造性想法，亨利·福特将目光投向了缺乏经验的员工："人们很难挣脱传统的束缚。这就是为什么我们所有的新业务总是由没

---

① 约瑟夫·熊彼特（1883—1950），美籍奥地利政治经济学家，其代表作有《经济发展理论》《经济分析史》等。——译者注
② 原文为reengineering，指的是"业务流程重组"（Business Process Reengineering, BPR），即对企业的业务流程进行再思考和再设计，旨在改善企业的成本、质量、服务等关键指标。——译者注

有该领域先验知识的人管理，因为他们没有机会熟悉那些被认为不可能的事情。"[19] 然而，在许多作为市场领导者的公司中，一轮又一轮的测试和面试主要是为了强化服从性，而不是为了将能力和观念迥异的人们集合到一起。创造性要求团队在职能、年龄、性别、教育、文化、心态和生活经历等方面具有多样性。

为新理念的获准提供多种渠道

即使是曾有过"驱动市场"活动的公司，也很难让惊世骇俗的创意之火持续燃烧。当前成功的驱动市场者必须特别小心，提防自己未来僵化成为小心谨慎的、由市场驱动的巨头。在任何一家大公司里都可以找到许多灰心丧气的潜在创业者，他们的理念还未被发掘。在多数组织中，新的商业创意的批准往往需要若干张来自高层的赞成票，而一个"不同意"就可轻易扼杀它，然而一个驱动市场的创意很可能会在这个过程中的某个环节得到一张反对票。

为了让有前景的新计划浮出水面，3M 公司设立了很多渠道，即便是员工的直接上司拒绝某个项目，他们还可以通过这些渠道来获得批准和支持。通过提供别的授权途径，改变了原有的作用机制，使一个项目在仅获得一张赞成票的情况下仍然可以继续进行。

建立有竞争力的团队和"臭鼬工厂"①

在项目开发的早期阶段，没人能够胸有成竹地预测哪项技术将会成功或其最终的市场情况如何。要是市场能选出赢家，摩托罗拉便会

---

① "臭鼬工厂"即 Skunk works。Skunkworks 或 skunkworks project 是一个俚语，通常用于描述一小群结构松散的人，他们为了技术创新而开展研究或进行项目开发。臭鼬工厂项目通常独立于公司的正常研发业务运作，因此受到资源限制。项目通常是秘密进行的，如果开发成功，之后将根据通常的流程设计、开发新产品。——译者注

鼓励其无线部门相互竞争。IBM 曾有大约一半平行的 PC 开发团队。当专注于一项新技术时，夏普（Sharp）经常在一些替代技术上维持少量的小型研发项目。

在现有公司中，一个颠覆式新理念通常会超出公司目前的业务定义和目标市场（如瑟尔公司的纽特阿斯巴甜），或者威胁到公司的现有业务（如 IBM 的个人电脑业务）。除此之外，从本质上讲，驱动市场型项目需要一个独特的业务体系，因此缺乏与公司现有价值网络的协同作用。当人们在现有的结构中追求驱动市场的创意时，其他的紧急事项往往阻碍其快速取得成果。

为了克服组织层面的阻力与惯性，公司可以建立"臭鼬工厂"，即组织上独立自主、有专职成员的有形实体。臭鼬工厂集中发挥成员的创业热情和紧迫感，并保护新兴项目，使其免于遭受被官僚主义扼杀的命运。

苹果、3M 公司、IBM、瑞侃公司（Raychem）、杜邦（DuPont）、爱立信（Ericsson）、通用电气、施乐和美国电话电报公司（AT&T）都采用臭鼬工厂（的形式），以在它们的大公司中滋养小型创业团队的"灵魂"。最近有些公司对臭鼬工厂感到失望，很可能是因为它们将臭鼬工厂不恰当地用于渐进式创新和同类模仿。臭鼬工厂最适合释放"杀手级应用"[①]，而不是"特征蠕变"[②]。

让公司的自有产品之间竞食

已有的市场领导者很少追求可能削弱其核心业务的项目。例如，

[①] 杀手级应用（killer apps）是计算机行业中的一个行话，泛指非常成功与极受欢迎的计算机应用程序。——译者注

[②] 特征蠕变（feature creep）也被称作"需求漂移"或"范围蠕动"，指的是产品或项目需求在开发过程中还产生了新要求的趋势，出现了项目成员起初没有预料到的特征，给产品质量和项目计划带来了一定的风险。——译者注

柯达（Kodak）希望确保其新的数字业务不蚕食其传统的胶片业务，这减缓了其在数字成像方面的进展。但正如巴勃罗·毕加索（Pablo Picasso）曾经指出的："每一个创造行为首先是一个破坏行为。"

"驱动市场"明确地鼓励竞食，这是基于如下信念：既然总有某些公司会冲垮一个公司的核心业务，那它不妨自己来做（这件事）。当索尼公司推出一个重要的新产品时，它会成立三个团队：第一个团队负责小的改进，第二个团队负责寻求大的改进，第三个团队负责探索使该新品过时的方法。通过促进各部门之间的竞争，惠普公司上市不到两年的新产品占了订单总量的六成。

驱动市场型零售商，如美国的星巴克和山姆会员店、意大利的贝纳通，通过在当前成功地点附近建立新商店，在一定程度上战略性地竞食自己的商店，这样几乎没有给竞争对手留下可利用的空位。它们坚信：要把蚕食者角色控制在自己人的范围内。

鼓励试验，容忍错误

要让一个寻求创造性解决方案的试验组织顺利发展，需要对错误有容忍度。公司必须在市场中进行探索和学习，随着每一代人的成长而不断改进。沃尔玛的第一家店很失败，但山姆·沃尔顿通过尝试不同的理念并观察顾客的反响，逐渐改进了最初的模式。同样，耐克最初的鞋子也不是很好，但该公司不断学习和改进技术。正如宜家家居的英格瓦·坎普拉德所说的："人只有在睡觉时才不会犯错。畏惧犯错是官僚主义的根源所在，同时也是一切发展的敌人。"[20]

在美国，人们对每日股价、季度业绩和华尔街分析师的关注往往会严厉惩罚错误的行为。这是大型上市公司的市场领导者必须跨越的另一个障碍，这样才能有效培育驱动市场型活动。公司必须开辟出一个受保护的区域，在那里可以容忍与试验有关的冒险行为，并为紧接着不可避免的失败留有余地。这些可能出现的失败是公司为培育驱动市场的能力必须付出的代价。正如托马斯·爱迪生（Thomas Edison）所说："我没有失败，我只是发现了1万种不可行的方法。"

无论如何，必须有一些与失败有关的原则。嘉信理财的CEO兼总裁戴维·波特拉克（David Pottruck）阐述了以下三条原则：（1）不要把公司置于风险之中。通过限制可能的失败的严重程度，可以确保员工赌的是马，而不是农场。（2）采取合理的预防措施防止失败。（3）从失败中学习一些东西。[21] 飞利浦的CEO柯慈雷（Gerard Kleisterlee）指出："学习型文化意味着允许犯错，但要确保不重复犯错。"[22]

合而为一：索尼的驱动市场型文化

随着时间的推移，即使是成功的驱动市场型公司也会变成市场驱动型公司。创新的历史包含了下面这种模式：重塑行业的突破性暴发点缀在平淡无奇的渐进式改进之间。在颠覆式创新阶段告一段落后，改进现有产品和业务系统的渐进式创新就成为主要挑战。

此外，竞争者会以"新"市场领导者为蓝本，最终涌现出具有竞争力甚至是更胜一筹的价值主张和业务体系。在这个阶段，像利乐这样的驱动市场型公司必须寻找下一个驱动市场型创新。然而，当成功的驱动市场型公司转变为公认的市场领导者时，它在激励"驱动市场"战略方面面临着与以前的市场领导者一样的障碍。正如毕加索所言："成功之路布满荆棘。如果有人想复制成功，那么复制自己的成功比复制他人的成功更加危险。它将使你误入迷失自我的歧途。"

随着时间的推移和规模的增长，公司往往变得越来越官僚化、常规化和厌恶风险。迄今为止，也许除了索尼，很少有公司能够持续推出一系列成功的驱动市场创意。[23] 在开发和推出创新产品方面，索尼一直是顶尖高手，它的新产品创造了许多新市场和新业务，如晶体管收音机、随身听、3.5英寸软盘和音乐唱片。"新产品创造新市场"是索尼公司的灯塔与信条。索尼声称，他们最大的资产是那些将创造新产品或市场的梦想与实现它们的热情结合起来的员工。

索尼践行了一些老牌大型公司应该采用的原则，以进一步驱动市场。索尼为试验留下了空间、容忍错误、允许竞食、鼓励有竞争力的团队，并为新理念的批准提供多种渠道。它还培养和奖励个人创造力，以下故事充分说明了这一点。

1980年，分属两个部门的3个团队并行工作，目的是对传统5.25寸"软盘"进行10倍速的改进。最初，每个小组仅由一人组成，并对产品观念持有不同看法。第一个人把新产品设想为更紧凑的软盘，第二个人把它设想为3.5英寸的塑封磁盘，而来自不同部门的第三个人，正在研发一个能够高速旋转的2英寸的软盘。在这个阶段，尚不清楚这些产品中能否有一款成功上市。

3个月后，第一个团队遇到了一些技术问题，而第二个团队在28岁的鹿本（Kamoto）领导下，开发了一个有希望的原型（3.5英寸塑封软盘的初始版本，也就是今天的世界标准）。由于他们属于同一个部门，于是第一个团队被解散了，该团队的前成员被重新安排到其他项目，并且有一些人被分配到第二个团队。第二个团队的负责人要求第一个团队的前领导撰写一篇关于3.5英寸软盘的论文，以在即将举行的日本技术会议上发表。有人向鹿本解释说，虽然索尼公司内部对3.5英寸软盘发明的认可都将归于鹿本，但保持第一个团队前领导的积极性是很重要的。

1981年在芝加哥工业展上亮相的3.5英寸软盘激起了苹果公司的兴趣。1983年，苹果电脑公司的创始人史蒂夫·乔布斯（Steve Jobs）为Mac电脑（Macintosh）采用了新的软盘，但要求该产品在一年内得到大幅改进。改进后的系统将是双面而非单面的，包含一个自动插入与弹出系统，而且还要将功耗、磁盘驱动器高度和价格降低50%。尽管有了这些改良，该产品仍然被大多数兼容IBM的大公司所忽视，采用该产品的两个重要客户为苹果和惠普。1987年，鹿本被调到销售和营销部门，即使他在这些方面没有经验。人们认为他发明了3.5英寸软盘，只有他才有热情使其成为全球标准。3.5英寸软盘终于取代了5.25英寸软盘，成为个人电脑用户存储数据的标准格式。

1991年，索尼公司委派鹿本负责改善其萎靡不振的个人电脑内置硬盘业务，希望他在硬盘领域重现当年在3.5英寸软盘上的成功。不幸的是，尽管他付出了最大的努力，但这个项目还是以失败告终，鹿本被要求终止这项业务。鉴于这次高度引人注目的失败，鹿本认为他在索尼的职业生涯实际上已经结束。然而，索尼意识到他是被为公司作贡献的热情所激励，公司接受失败，并将其视为一次学习的经历。在硬盘领域遭遇滑铁卢后，索尼让鹿本负责管理另一种数据存储设备——磁带机。在他的领导下，索尼公司磁带机的全球市场份额在3年内从3%增加到25%。

当鹿本和3.5英寸软盘从一个成功走向另一个成功时，第三个团队的领导者久多良木健（Ken Kutaragi）却在苦苦挣扎。他对2英寸软盘的设计于1982年完成，即3.5英寸软盘上市的第二年。久多良木健的软盘具有出色的性能，但其架构需要对相关硬件进行重大改变。因此，索尼是唯一在其笔记本电脑"Produce"中采用它的公司。不幸的是，该笔记本电脑没有成功，多良木健不得不为2英寸软盘寻找其他应用。

这种软盘在索尼的照相机"Mavica"中找到了它的下家，尽管期望值很高，但它也失败了。面对持续的失败，久多良木健顽强地坚持着，然后与任天堂接触，希望说服他们在其电子游戏软件使用2英寸软盘。当任天堂与索尼签订了2英寸软盘的合同时，久多良木健认为他终于为他的发明找到了"杀手级"应用。不幸的是，3年后任天堂取消了合同，自始至终未使用过该产品。

失望的久多良木健找到了索尼的领导层，提出了使用光盘（CD-ROMs）开发家用游戏机（video games）系列的建议。在与任天堂长达3年的讨论中，久多良木健对电子游戏业务有了深刻理解，并洞悉到任天堂的优势与劣势，这让他成功说服了索尼。在索尼商业战略团队的协助下，PlayStation家用游戏机（简称"PS"）于1994年开发并推出，成为任天堂的竞争对手。推出后不过数年，索尼已售出9000多万台PS游戏机，并控制了全球100亿至150亿美元的电子游戏机市场的七成。[24]索尼最初认为对其业务无关紧要的游戏部门现在创造了公司33%的利润，体现了索尼整合游戏和消费类电子产品的愿景。

◆ **本章小结**

本书以彼得·德鲁克的名言——"公司有且只有两个基本职能：营销和创新。营销和创新产生收益，其他所有职能都是成本"为开端。然而，大型公司在营销和创新两方面都举步维艰。

营销需要变得更加创新，但它必须以一种能够帮助组织实现大跨步飞跃的方式进行。它必须通过以下手段提供更多的商业模式和商业理念的创新：寻找未饱和市场、发展颠覆性价值主张以及创造新的交付机制（delivery mechanisms）。下面的表格提供了一个驱动市场的检查表。

| 驱动市场检查表 |

驱动市场型思维模式

- 高层管理人员是否在不断增加对驱动市场理念的需求？
- 我们是否主动让自有产品自相竞争？
- 是否允许追求竞争性的新兴技术？
- 是否经常制度化地从外部引进新创意？
- 是否为好奇心驱动下的探索活动分配了时间与资源？

驱动市场型文化

- 当人们在尝试真正的新事物时，我们会容忍失败吗？
- 是否制定了从失败中吸取教训的流程？
- 是否鼓励人们公开分享他们的失败经历？
- 我们是否因过于注重等级制度而限制了创新？
- 组织规则和规范的执行是否过于僵硬？
- 我们是否能容忍特立独行的人，并为冠军们的发展提供空间？

驱动市场型人才

- 我们是否雇用那些能扩容公司"基因库"的人？
- 我们是否将人们混搭在团队中以产生创意摩擦？
- 在重要的项目中是否加入了对假设提出质疑的新手？
- 我们是否认为我们的员工有创业精神？
- 卓越的创新成就和努力是否得到了认可和奖励？

驱动市场型流程

- 我们是否允许创新项目有很长的投资回报期？
- 我们是否提供了多种资助和认可驱动市场型创意的途径？

- 我们是否有将创意毫无障碍地从底层上达到高层的过程？
- 我们是否举办比赛以产生颠覆式新理念？
- 我们是否确保颠覆式创意不会被渐进式理念夺去资源？

此外，创新与营销的联系必须更紧密。历史上，有很多创新的新产品和商业创意由于营销不力而未能成功。在渐进式创新中，营销的作用很明确：提供顾客反馈和市场调研，以及管理市场投放过程。对颠覆式创新和驱动市场的创意来说，营销的作用就比较模糊了，而且往往与根深蒂固的营销信念相悖。在这些情况下，营销的挑战是找到市场中对颠覆性价值主张有吸引力的细分市场。这个最初的"创新者"细分市场将被用作桥头堡，以增强公司对更多主流市场的攻击。

从CEO的角度来看，时间、资源或资金的匮乏是大公司未能创新的牵强借口。正如太阳微系统公司的联合创始人斯科特·麦克尼利所指出的："从来没有一个成功且资金充足的创业公司。如果你有太多的钱，你就不会找到一种新的、不同的、更有效的方法。你只是想要用同样的策略压倒目前的竞争者。如果只是在你前面船的后面抢风而行，你就不可能在帆船比赛中获胜。"

CEO的任务很明确。[25]正如弗朗西斯科·冈萨雷斯（Francisco Gonzalez）所说："我们有一个明确的前提，即我们希望创业者多于行政人员。"[26]但是，雇用创业者比留出创造的空间要容易得多。例如，当大多数传媒公司努力寻找创造性思维与利润中心之间的结合点时，HBO频道（Home Box Office）为自己在如此庞大的公司中拥有一个先进的创意团队而自豪。它通过以下方式做到这一点：创造一个小型精品店的实体；在一个严格控制的运营中给予其创意的独立性。正如HBO的一位创意人员指出的，"这是一个令人惊叹的工作场所。一

第7章 | 从"市场驱动"到"驱动市场" · 195

旦他们雇用了合适的人，他们就会给你自由发挥的空间"。其结果是，导演和编剧接踵而至，而不是像大多数媒体公司那样四处敲导演和编剧的门。[27]

需要指出的是，驱动市场型公司中的颠覆式创新意识是从高层开始的，以此来结束本章再合适不过了。索尼公司总裁安藤国威（Kunitake Ando）宣称："索尼的任务是使我们自己的产品过时，否则就会有其他人来做。"[28]在这种态度下，公司中包括营销人员在内的每个人都必须始终认识到，顾客只是那些尚未找到更好替代方案的人。

第 8 章
从战略业务单元营销到企业营销

营销即战略。

一般来说，关于营销战略的文献都集中在业务单元，而忽略了营销在公司层面的作用。这可能强化了所有营销都是地方性的传统观念，这种观念导致营销职能被放在战略业务单元（SBU）或国家分部中，而不是在总部。相对而言，很少有公司设置首席营销官（CMO），与首席财务官（CFO）或首席运营官（COO）共同影响 CEO 和公司战略。

虽然组织中的大部分营销职能和几乎所有的营销活动在历史上都属于部门和国家分部层面，但越来越多的公司正在加强营销在公司层面的作用。CMO 的职位正在多家公司悄然出现，如可口可乐、诺基亚、荷兰皇家电信子公司奎斯特（KPN Qwest）、必胜客和路透社（Reuters）等。然而，许多 CEO 和公司仍然对任命首席营销官或建立一个大型的企业营销职能部门犹豫不决，因为他们怀疑营销是否能显著增加企业总部（corporate center）的价值。个人业务越复杂多样，组织就越分散；品牌组合中的品牌数量越多，让公司营销产生效益就越困难。

企业总部的作用

如果营销要突破传统业务单元边界的束缚，并在企业战略层面发挥重要作用，则必须帮助CEO解决以下三个关于企业战略的问题：[1]

（1）业务组合的选择：我们应该从事什么业务？公司一般通过在矩阵上排列单个业务单元来选择其业务组合，借助波士顿咨询集团（Boston Consulting Group）矩阵或通用电气矩阵等。这些二维产品组合模型中的一个维度反映市场吸引力，另一个维度则表示公司的竞争优势。

不同的公司在如何使用这些矩阵方面存在一定的差异。一些多元化的公司寻求一种"平衡"的业务组合，包括摇钱树、明日之星、风险业务等。另一些公司则有具体的规定，比如通用电气规定：每项业务都要占据市场份额的第一或第二，否则，经理必须"整顿、关闭或者卖掉它"！

（2）业务组合的关系：我们的业务应该为彼此增加什么价值？哪些业务之间的关系确实创造了协同效应，使单个业务单元作为整体的一部分受益？

迪士尼在其电影、音乐、主题公园、商品销售、视频、软件、零售和电视业务的产品组合中寻找协同效应。通过共享采购、生产和广告等运营资源，公司力求实现规模经济。

（3）母合技能：企业总部能增加哪些价值？所谓的"母合优势"（parenting advantage）是指母公司可为其业务组合提供附加价值，这种价值创造能力能够使母公司的各业务单元实现：无论其作为其他母公司的一部分，还是作为一个独立的业务单元，都不如作为当前母公司的一部分更具价值。如果母公司所拥有的特殊的能力、资源、技能、专业知识或与重要利益相关者的联系可以帮助各业务单元，则可以说存在母体优势。[2]

例如，1960年至1990年，印度市场受到严格的监管，在这一期间的经营活动需要得到政府的许可。由于有接触重要官员的母合优势，出现了高度多样化的企业集团。在市场管制放松后，这些企业集团剥离了许多业务部门，集中于少数核心经营活动。

企业营销可以帮助CEO应对以上三种企业战略挑战。对适当的业务组合和组合之间的相互作用，一个强大的企业营销团队可通过使用营销透镜来分析业务组合选择的战略一致性，同时寻找业务单元之间的协同作用，从而带来新的见解。这些分析的结果应该是包含具体营业收入和净利润数字的新方案，并且由企业营销人员通过业务组合来实现。就母合优势而言，企业营销能够促进基于市场的竞争能力的发展，使单个业务单元更加以顾客为中心。

追求营销的协同效应

在国际公司的业务单元组合的基础上，有许多复杂的隐性和显性营销选择（见图8-1）。每个业务单元决定"销售什么产品""用什么品牌""瞄准哪些顾客细分和市场"，以及"通过哪些分销渠道"。在任何一家大公司里，这5个方面的潜在组合数量可能会让管理者应接不暇。例如，若是有8条产品线、4个顾客细分、10个品牌、5个分销渠道，并在100个市场或区域运营，竟会产生多达16万种决策组合！

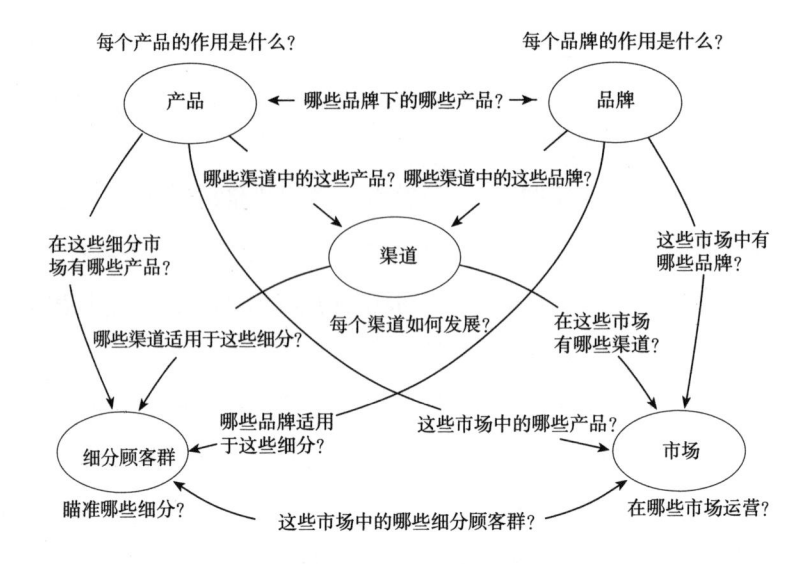

```
          每个产品的作用是什么?              每个品牌的作用是什么?
                  ┌─────┐                        ┌─────┐
                  │ 产品 │ ← 哪些品牌下的哪些产品? → │ 品牌 │
                  └─────┘                        └─────┘
                     哪些渠道中的这些产品? 哪些渠道中的这些品牌?
                                    ┌─────┐
                                    │ 渠道 │          这些市场中有
          在这些细分                  └─────┘          哪些品牌?
          市场有哪些产品?
                      每个渠道如何发展?    在这些市场
              哪些渠道适用于这些细分?      有哪些渠道?
                  ┌─────────┐  哪些品牌适用  这些市场中的哪些产品?  ┌─────┐
                  │细分顾客群│  于这些细分?                        │ 市场 │
                  └─────────┘                                    └─────┘
          瞄准哪些细分?    这些市场中的哪些细分顾客群?    在哪些市场运营?
```

图 8-1　复杂的企业营销逻辑

鉴于问题的复杂性，每个业务单元必须在没有充分考虑对其他单元影响的情况下为自己做出这些决定，并优化自己的逻辑。单一业务单元和区域经理可能看不到利用其他业务单元的机会，也可能努力寻求合作。企业营销可以通过重新审视公司的产品、品牌、渠道、顾客细分和市场组合来增加自身价值，并从全球的角度而非个人的角度提出问题（见表 8-1）。

表 8-1　充分利用公司的业务组合

	产品	品牌	渠道	细分	市场
营收导向的倡议	·多样性与细分的模块化方法	·品牌拓展	·渠道迁移	·顾客解决方案	·知识转移
	·跨国上市公司的全球产品概念	·重新将资源向更少的核心品牌集中	·多渠道营销	·交叉销售系统	·推动新兴市场
		·企业品牌建设			·群蜂营销

续表

	产品	品牌	渠道	细分	市场
利润导向的倡议	• 通过原材料合理化整合供应资源 • 全球研发中心 • 产品平台	• 广告平台 • 品牌整合 • 品牌评估工具	• 全球客户管理 • 低成本的服务渠道	• 服务成本分析 • 减缓顾客流失	• 区域结构 • 跨国细分市场

以莎莉集团为例，该集团拥有 160 个核心品牌、数千条产品线、200 多家运营公司，每个公司都有自己的利润中心，却连包装系统都没有共享。正如 CEO 史蒂文·麦克米兰（Steven McMillan）所说："去中心化的文化如此根深蒂固，以至于他们认为兄弟公司会多收他们的费用。"[3]

在寻求协同效应的过程中，企业营销必须确保公司不会因为效率而牺牲产品多样性。营销人员必须平衡以下两个方面：通过规模经济节约成本的愿望，以及通过范围经济和管理多样性增加对顾客细分和市场的渗透潜力。

通过采用企业视角，企业营销人员可以将产品、品牌、渠道、顾客细分和市场视为潜在的平台，在各个业务单元之间利用这些资源。企业营销可以引导人们从对单个区域或产品分部的"纵向思考"，转向围绕顾客需求和细分市场的"横向思考"。表 8-1 列出了一些营销协同作用的潜在来源，区分了营收导向的倡议和利润导向的倡议。企业营销人员应该从这两个方面寻求协同效应。

充分利用产品平台

公司能否在其他业务单元的分销渠道、品牌或市场中充分利用业务部门的部分产品？例如，沃尔玛进入中国后，熟悉了那里的潜在产品供应商，建立起一个中国的全球采购中心。中国供应商在21世纪之初每年为沃尔玛提供价值约120亿美元的产品。如果进一步提高从中国采购的效率，沃尔玛可以将其全球货物销售成本（COGS）降低一半，这将超过未来十年它在中国能够获得的全部利润。

一家公司如何才能创造出必要的产品多样性，以渗透到多个细分市场，同时防止产品开发和制造成本急剧上升？通过在一些具有严格接口规范的标准平台上工作，丰田、戴尔、索尼和大众等公司可以实现多样性，而不会对规模经济产生有害影响。许多汽车品牌共享多种可互换的部件以及一个共同的平台，如丰田凯美瑞、雷克萨斯ES300、丰田赛那、丰田汉兰达和雷克萨斯RX300越野车的各代车型。特别是RX300，它充分展示了平台共享的成功。通过共享平台，丰田以一款经过良好测试、稳定、能做工程设计的汽车平台作为起点，最终打造出一款"类似卡车"的汽车。RX300具有形如卡车或SUV的外观和功能，同时保持了轿车的特性，如乘坐的舒适性与操控的平稳性。

一个公司如何在各国同时开发和推出产品，而不是按顺序在不同国家逐个推出这些产品？建立跨国的产品概念和市场投放团队，可以避免为每个国家重新创造新产品，由此可以降低产品开发成本，提高产品更新速度，更快实现盈亏平衡。

充分开发品牌平台

公司中的一些品牌是否会给其他业务单元带来附加价值？公司可以推出什么样的拓展品牌？能否将不同产品类别的品牌合并，以提高影响力和效率？公司是否已经在各品牌间卓有成效地分配了资源？企业品牌能否通过为业务单元品牌背书来增加价值？有关品牌合理化的问题，第6章应该有助于企业营销人员找到答案。

企业营销部也充当了企业品牌管理人的角色，他们开发、完善和保护共同的品牌特性，并提高了品牌价值。在伊莱克斯，企业营销部为所有营销组织制定标准的品牌规划流程和模板，并在品牌和营销沟通标准方面对营销人员进行培训。此外，伊莱克斯作为一个主导品牌，将国际专业知识和全球技术能力的价值赋予地方品牌。企业营销部为各个品牌和业务部门如何利用企业品牌制定了指导方针。

扩展渠道平台

其他业务单元能否利用某个业务单元强大的分销渠道？在公司层面利用渠道，而不是局限在某个业务单元，公司能否通过这种方式增加其分销影响力？例如，福特汽车公司的豪华品牌沃尔沃、路虎和捷豹可以将它们的分销点合并，整合成更大的经销商，而不是每个品牌的单独经销商。

有关渠道迁移，第4章可以帮助企业营销人员回答这些问题：如何将顾客转移到低成本渠道？如何渗透到快速增长的渠道？营销可以帮助企业发展必要的能力，以有效地管理跨业务单元的多渠道营销。

把顾客当作平台来培养

我们能否通过交叉销售产品或为某些细分顾客群创新解决方案来增加顾客购买产品的份额？我们能不能在公司的产品组合中添加新产品？花旗银行与旅行者银行合并，向每个顾客交叉销售银行服务、信用卡和保险。亚马逊正在迅速增加商品类别，以充分利用其2500万顾客群。通过寻求协同效应和杠杆作用，企业营销可以创造复杂的产品或服务捆绑，进一步挖掘顾客的潜力。

提高利润的创新行动通常涉及深入了解每个顾客的终身价值和服务成本的能力。基于这种分析，我们可以从产品组合中剔除无法带来利润的顾客，特别是当针对这些顾客的交叉销售和整体方案销售计划失败时。许多银行、信用卡公司和电信公司目前正在劝退那些永远不会产生利润的顾客。

将市场作为平台进行开发

企业营销可以发起营销人员的区域整合，以实现规模经济和范围经济。公司不是在国家层面上进行市场细分，而是在泛欧基础上发展细分市场。例如，在11个欧盟国家中，每个国家都不同程度地存在四个跨国的酸奶细分市场。[4]"健康和创新"作为其中一个细分市场，在丹麦、德国和英国约占酸奶消费者的26%，在爱尔兰和荷兰占18%，在比利时和希腊约占7.5%，在法国、意大利、葡萄牙和西班牙占3%~5%。因此，可以为这4个细分市场中的每个市场而非每个国家开发适当的酸奶和品牌定位，其结果是更快的产品开发周期和广告平台之间的共享。

我们能否将一个业务单元的市场知识转移到另一个不在这些市场的业务单元？例如，DIY零售商百安居传统上是在商品能堆积到天花板的一层经营。在中国，身材不高的顾客可能不会伸手去拿商品，往往会在本应是自助服务的场景下打电话寻求帮助。因此，百安居在中国设计并安装了一个两层楼的商店，并将其引入百安居的本土市场——英国，以应对飞涨的房地产价格和严格的规划限制。新兴市场作为公司增长引擎的重要性值得我们仔细研究。

新兴市场作为一个增长平台

公司可能会对现有的顾客和国家感到非常满足，并将增长计划限制在仅从这些细分市场获得更多的销量。很多时候，公司与其竞争者都朝着相同的目标努力，却忽视了那些未得到充分服务的潜在市场。为了扩大细分顾客群，公司将不得不更多地考虑新兴经济体的大众市场。

瞄准新兴市场中不断增长的大众群体

发达国家的公司面临着一个根本挑战。在北美、日本和西欧，下跌的出生率导致人口老化，而总体人口的增长有限（如果有增长的话）。特别是在欧洲，在未来20年里，积极工作的人与养老金领取者的比例将从4∶1降至2∶1。某些行业将有所增长，如医疗保健、养老院和休闲，但其他行业将陷入困境。

公司往往有雄心勃勃的增长目标，每年增长10%～15%的愿望很普遍，即使整个行业增长3%～5%的时候也是如此。如果我们把一个行业内前5名或前6名公司的5年预测结合起来，就会出现行业销售额有望翻番的情况。由于一个公司不可能无止境地提高价格，也不可能向发际线后退的人售出更多的洗发水，因此在相对发达的市场上无法达到这些增长预测。产品创新的确有帮助，但在拥有成熟产品的成熟市场上，持续的产品创新是非常罕见的。

为了创造增长，公司必须密切关注亚洲、拉丁美洲和非洲的新兴市场。[5] 例如，据福特公司估计，发达国家的汽车市场将以每年1%的速度增长，而新兴经济体将以7%的速度增长。[6] 2002年，中国的乘用车销量比上一年增长了55%。在美国和欧洲的乘用车市场，廉价融资正在助长价格战，以此来稳定销量。

中国、印度和印度尼西亚等新兴市场共有近25亿人口，占世界人口的40%以上。难怪在20世纪90年代，可口可乐公司在这3个国家共投资了20亿美元。21世纪初，达能、亨氏（Heinz）和联合利华已耗资超过10亿美元收购了印度尼西亚的当地公司，以使自己的产品更受当地大众欢迎。

新兴市场也让一些来自发达国家的公司吃了闭门羹。在20世纪80年代中期，本田公司以其精湛的技术、出色的质量和品牌吸引力引领着全球摩托车市场。[7] 在成功进入泰国和马来西亚之后，本田转而瞄准了印度市场，再次通过大城市的销售点兜售其现有车型，而没有倾听潜在顾客的意见。这些潜在顾客中的大多数生活在印度农村，他们想要的是低廉、耐用和可靠的产品。3年后，本田就退出了印度市场。

大多数跨国公司的商业模式迫使它们把目标锁定在发展中国家市场的一小部分人口上——最多就是收入金字塔顶端的20%。地球上有40多亿人年收入低于2000美元，而大型跨国公司正在错失为这部分人提供创新解决方案的机会。[8]

价值主张：保持简单，保持廉价

跨国公司典型的价值主张通常是稍加改进后的全球产品。由于当地廉价的劳动力和其他较低的成本投入，在新兴市场制造出来的产品往往比发达国家的价格更低，尽管还没有低到可以满足大众消费的程度。

跨国公司赖以运营的价值网络还不能提供适合发展中国家大众的价值主张。对那些愿意尝试"不走寻常路"来创造顾客价值的公司来说，增长和利润的来源可能是需求没有得到满足的那数十亿人，如非洲数以百万计的HIV-AIDS患者，数十亿没有清洁饮用水、电力、住房、教育或充足药物的人。

我们需要创新的市场观念与商业模式，通过有吸引力和可盈利的价值主张，瞄准被忽视的80%的底层人群。触达新兴市场大众的首要原则是简单和实惠。保持简单，保持廉价。在印度，为瞄准人口在5000人以下的村庄，纽约麦克思人寿保险公司（Max New York Life）将普通定期保单的赔付额定为208美元，年保费仅为2美元。在非洲，伦敦的Freeplay能源集团设计了一种发条式收音机，通过摇动手柄充电，使其非洲顾客在没有电或电池价格高昂的情况下也能获得重要的健康和农业信息。有消息称，2003年北美历史上最严重的大停电期间，有一些这样的收音机在美国出现。

若要真正意识到穷人群体也是一个机会，则需要用不同的方式重新思考价值主张。为了降低成本和扩大市场，公司正在让顾客从拥有产品所有权转向以低成本获取，从个人用户转向社区团购，特别是涉及不经常使用的固定成本高的产品。如果一个村子里没有人买得起电话或个人电脑，那么或许整个村子买得起，就像格莱珉电信公司（Grameen Telecom）在孟加拉国所做的那样，即按次付费。

为大众重塑"3V"模型

以更低的成本重塑作为当前行业商业模式基础的价值网络，才有可能实现简单而廉价的价值主张。我们来看一下跨国医药公司的商业模式：高额的研究和开发费用、庞大的营销预算，以及受专利保护药物的高昂价格。这怎么可能对真正需要这些产品的数十亿人起作用呢？幸运的是，一些制药公司已经成功地重塑了这个行业的"3V"，为穷人提供服务，并可从中获得利润。

孟加拉国的格莱珉银行是小额信贷行业的开拓者，向缺乏抵押物的人敞开怀抱，为他们发放人均15美元的贷款。鉴于跨国银行既有的成本结构，由它们提供类似服务将永远不会盈利。通过免除对抵押物的要求，以及创建一个基于相互信任、问责制、参与和创造力的银行系统，格莱珉银行已经发展到为230万人提供借款服务的规模，其中98%是违约率极低的妇女。现在有多达9000家小额贷款公司为发展中国家提供服务。玻利维亚、墨西哥、吉尔吉斯斯坦和乌干达的一些小额贷款公司正成长为规模足够大和盈利能力可观的组织，这足以吸引私人资本并进一步发展成银行。[9]

阿兹特克银行（Banco Azteca）同样瞄准了墨西哥一个巨大的、服务水平较低的市场，即月收入在250美元到1300美元的1600万个家庭，如工厂工人、出租车司机、教师，他们的账户对老牌大型银行来说太小（太不经济）。[10] 该银行的姐妹公司墨西哥电器集团（Grupo Elektra）是墨西哥最大的电器零售商，在向这类顾客群体提供消费信贷方面具有 50 年的经验。该公司的还款率为 97%，它比任何人都了解这一顾客群体及其财务状况。将其广泛网络中的信贷部门转化为银行分支机构，具有极佳的战略意义。

阿兹特克银行的座右铭是"一个宽厚友善的银行，给您一种宾至如归之感"，它欢迎那些被其他银行拒之门外的顾客。在意识到其大多数顾客缺乏收入证明或适当的身份证明后，阿兹特克银行投资 2000 万美元装备了高科技指纹读取器，从此不再需要任何文件。数据库包括顾客的信用历史和邻居的名字，这些邻居可以帮助追踪拖欠债务的人。这样，信用就成了社区引以为傲的东西。

除了它们的固化思维模式，没有任何固有的东西可以阻止跨国公司通过"3V"创新为新兴市场的穷人服务。事实上，它们可能拥有更多的资源和潜力。举个例子，在触达发展中国家的普通大众方面，联合利华的印度子公司——印度利华（Hindustan Lever）是做得最好的公司之一。

印度利华：新兴市场的赢家

印度利华公司一直在寻找能够有效服务于十几亿人口的印度大众市场的增长计划。印度利华意识到，大多数印度消费者太穷了，买不起整瓶的洗发水或洗涤剂，并且没有足够的空间储存它们。由此，印度利华公司率先推出了独立使用的小包装产品，每包售价约为 2 美分。结果这些产品大受追捧。

最初，印度利华建立了一个经销网络，只覆盖了全国 63.8 万个村庄中的 10 万个。为了进入几乎未开发的农村市场，该公司发起了 Shakti（力量）项目。[11]

在"力量"项目下,印度利华对小村庄(人口通常在2000人以下)的妇女进行商业技能培训,这样妇女们便能开办一些小型的个人经营的业务。由于这些妇女既没有受过什么教育,又没有独立经营的经验,所以她们所接受的后续追踪培训对整个项目的成功至关重要。其中许多妇女自愿或被选择成为印度利华产品的农村销售商或分销商,为自己开创一个低风险、可持续的微型企业。通过在邻近的四五个村庄销售印度利华的产品,她们每月可以获得大约1000卢比(约20美元)的稳定收入,几乎是她们以前家庭收入的两倍。

印度利华公司通过培养一批了解金字塔底层消费者的管理人员实现了这些突破。每位新招聘的高管必须在印度的村庄里花8周时间参加社区项目,以便深入了解这些消费者的处境。试想,如果每个跨国公司在营销的推动下,培养一批将穷人理解为一个商业机会而非一个问题的新兴市场专家,那该多好!

在不同市场间转移最佳实践

印度利华公司已经将其低价、低成本产品,如碘盐和车轮牌(Wheel)洗衣剂的一些成功经验进行了输出。当联合利华在巴西推出洗涤剂品牌"Ala"时,印度管理者提供了产品开发知识、低成本的生产解决方案和低成本的广告技术,如墙画和农村展示柜台。[12]Ala借此在巴西取得了巨大的成功。

新兴市场的思维模式要求人们在发达国家进行营销时要注意积极的溢出效应。例如,一场普通的NBA篮球赛吸引了110万户家庭的电视观众。2002年11月20日,中国篮球新星姚明与当时联盟中垫底球队克利夫兰骑士队的比赛吸引了550万中国观众收看现场直播,而晚上的赛事重播又再次吸引了1150万观众。[13]这使姚明成为继迈克尔·乔丹之后最具影响力的篮球运动员。有了全球媒体,发达国家的日常营销决策可以影响新兴市场的前景。我们再一次看到，公司营销可以培养更强的横向思维能力。

构建以顾客为中心的能力

很少有公司像它们宣称的那样是真正以顾客为中心的。如果你正在应对与日俱增的顾客投诉，面临着营销效率的持续下降，或正在眼睁睁看着新产品中途夭折，那么你的公司可能需要变得更加以顾客为中心。公司营销有助于构建关键的能力，从而在整个组织内增强以顾客为中心的意识。

想要完全响应顾客的要求，就需要教育公司了解以顾客为中心的行为，并制订一个评估响应能力的方法。在公司中，被评估的事情就会被完成。图 8-2 展示了一个公司如何使用价值曲线、星状模型开发、测量以顾客为中心的六步方法。[14]

"以顾客为中心"到底是什么意思？它是指一种思维模式、一种文化、一种活动还是一个组织？其实以上内容它全都包括了。以顾客为中心的组织具有以顾客为导向（战略和文化）、顾客驱动型结构（组织和过程）和顾客投资（能力和资源）。

以顾客为中心的战略地图

公司营销将以顾客为中心定义为：首先，在其每一个业务部门中都能提供明显的顾客价值。如果对有价值的顾客和想要传达的价值主张没有一个清晰的定义，就没有人能够建立一个以顾客为中心的组织。缺少了明确的战略，即便是强大的顾客文化也会变得像少了方向盘的汽车一样毫无用处。

1. 一图抵千言

这句俗语同样可以说明以顾客为导向的战略。绘制一条价值曲线，说明公司的价值主张与目标细分市场的竞争者有什么不同（在第 2 章中讨论过），这是描述组织如何为顾客创造价值的最有效方法。在图 8-2 中，顾客的相关属性出现在价值曲线的纵轴上。这些直线显示了被分析企业（实线）在每个属性上的表现与竞争者（虚线）的对比。

一旦每个人都理解了价值曲线，公司营销就可以更容易地动员组织向顾客提供这种价值。一些公司已经使用星状模型和图 8-2 来识别以顾客为中心的组织能力的途径。

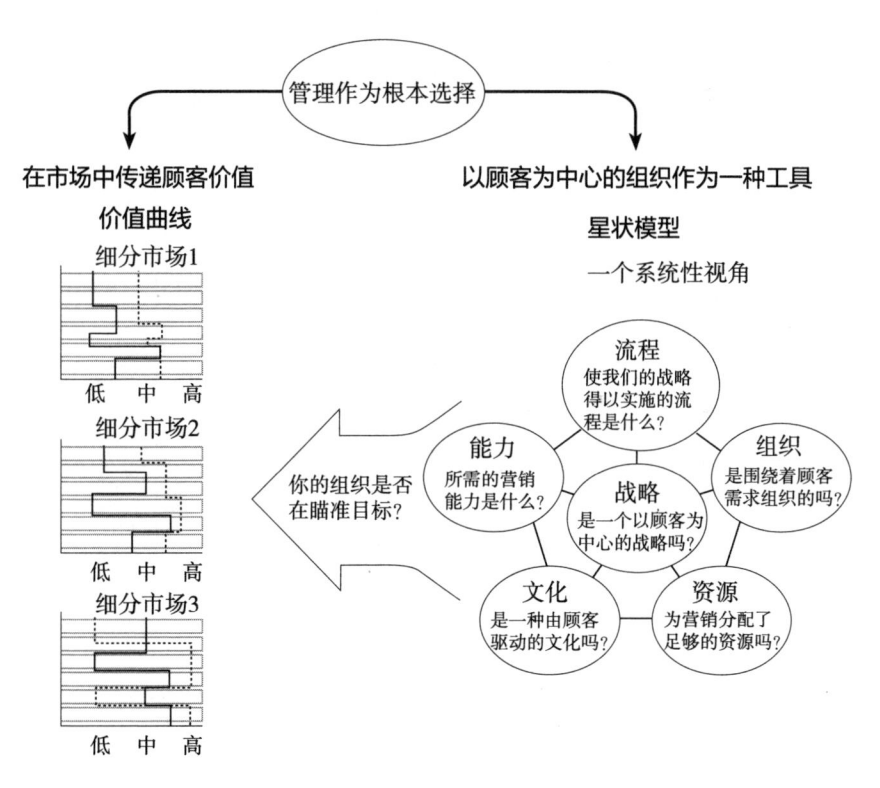

图 8-2 以顾客为中心的组织

资料来源：感谢 Andy Boynton 的贡献。

2. 战略就是提出正确的问题

为每个细分市场绘制价值曲线可以帮助回答以下问题：（1）我们是否明确定义了目标细分市场？（2）我们是否有针对每个目标细分市场的差异化价值曲线？（3）我们是否通过市场调研证实了价值曲线？（4）我们是否已将自己定位在关键细分市场？（5）我们是否调整了我们的价值网络，以在目标细分市场实现我们的价值主张？建立一个以顾客为中心的组织需要在多个方面做出努力。评估一个组织以顾客为中心的程度需要问哪些问题，详见问题海报（见图8-3）。

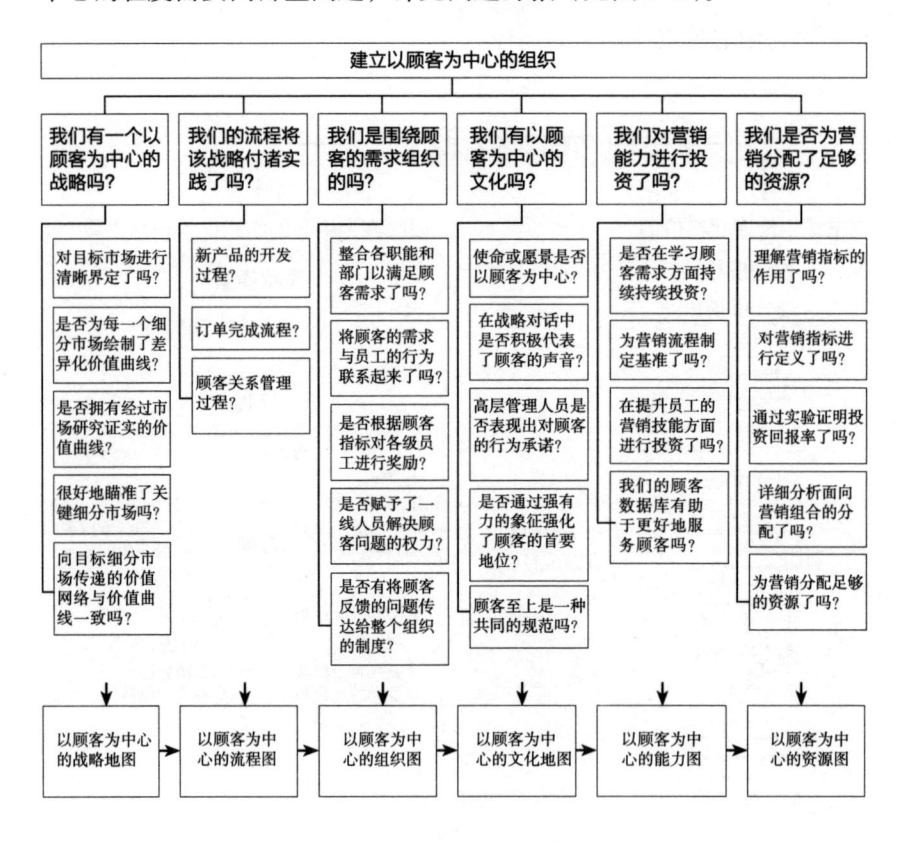

```
                          建立以顾客为中心的组织
    ┌──────────┬──────────┬──────────┬──────────┬──────────┬──────────┐
  我们有一个以  我们的流程将  我们是围绕顾  我们有以顾   我们对营销   我们是否为营
  顾客为中心的  该战略付诸实  客的需求组织  客为中心的   能力进行投   销分配了足够
  战略吗？      践了吗？      的吗？        文化吗？     资了吗？     的资源？
```

- 对目标市场进行清晰界定了吗？
- 是否为每一个细分市场绘制了差异化价值曲线？
- 是否拥有经过市场研究证实的价值曲线？
- 很好地瞄准了关键细分市场吗？
- 向目标细分市场传递的价值网络与价值曲线一致吗？

- 新产品的开发过程？
- 订单完成流程？
- 顾客关系管理过程？

- 整合各职能和部门以满足顾客需求了吗？
- 将顾客的需求与员工的行为联系起来了吗？
- 是否根据顾客指标对各级员工进行奖励？
- 是否赋予了一线人员解决顾客问题的权力？
- 是否有将顾客反馈的问题传达给整个组织的制度？

- 使命或愿景是否以顾客为中心？
- 在战略对话中是否积极代表了顾客的声音？
- 高层管理人员是否表现出对顾客的行为承诺？
- 是否通过强有力的象征强化了顾客的首要地位？
- 顾客至上是一种共同的规范吗？

- 是否在学习顾客需求方面持续持续投资？
- 为营销流程制定基准了吗？
- 在提升员工的营销技能方面进行投资了吗？
- 我们的顾客数据库有助于更好地服务顾客吗？

- 理解营销指标的作用了吗？
- 对营销指标进行定义了吗？
- 通过实验证明投资回报率了吗？
- 详细分析面向营销组合的分配了吗？
- 为营销分配足够的资源了吗？

↓ 以顾客为中心的战略地图
↓ 以顾客为中心的流程图
↓ 以顾客为中心的组织图
↓ 以顾客为中心的文化地图
↓ 以顾客为中心的能力图
↓ 以顾客为中心的资源图

图8-3　建立以顾客为中心的流程图

以顾客为中心的流程图

最终，顾客得到的是一系列流程，通常是新产品开发流程、订单完成流程和顾客关系管理流程。管理者必须将这三个主要过程中明显矛盾的逻辑统一起来，向有价值的顾客提供价值曲线。

1. 新产品开发流程

新产品开发流程是一种创造性的活动，可能会吸引那些有意避开财务或顾客服务约束的员工。挑战在于如何在创造自由与传递顾客价值之间寻求平衡。严格的约束会阻碍创造力，而宽松的约束会导致昂贵的新产品遭受"特征蠕变"（没有人想要的功能）。例如，吉列公司的剃须刀战略（制造更好的产品，消费者就愿意更新换代）对其金霸王（Duracell）电池不起作用，因为消费者不想要更好的电池，只想要更便宜的。

鼓励研发人员花时间与顾客打交道，通过市场和销售人员轮岗，将产品开发过程集中在价值曲线所阐明的差异化上。例如，索尼公司的一名工程师在参与产品设计之前，可能会花 6 个月的时间在人行道上销售音响。

2. 订单完成流程

订单完成流程的目标是通过规模经济降低成本。为了降低成本，业务部门通常倾向于更长的生产周期和更少的品种。一家工业公司的分销商订单的完成率约为 50%，不仅导致了销售损失，还让销售人员感到沮丧，同时顾客也不满意。调查人员发现，工厂经理根据工厂的利润获得报酬，因此工厂总是及时处理少数大型的长期标准订单，而将短期订单推到生产计划之外。显然，该工厂没有将其订单完成流程与公司战略相统一。工厂应该处理更"有价值"的顾客的订单和更紧急的订单，而不是只考虑成本因素。

3. 顾客关系管理流程

顾客关系管理流程的重点是获取和留住顾客。公司通常在这个过程中寻求灵活性和范围经济。严谨的做法需要寻求有意义的灵活性，将顾客的获取与保留同有助于确定应该在哪些方面、对哪些顾客采取灵活态度的价值曲线相一致。

通过了解"3V"，销售人员可以将精力集中在有价值的顾客身上，而不是在所有顾客身上分散精力。例如，在顾客保留流程中，一家网上杂货店根据顾客对公司的价值将其分为 A、B、C 三类。如果一件商品未能送达（如西红柿），那么所有投诉的顾客都会立即得到补偿，但 B 类顾客在下一次订购时才能免费得到西红柿，而 A 类顾客可以立即得到西红柿。

公司通常评估以上三个过程的质量、速度和效率。然而，以顾客为中心的公司还评估该流程对顾客的友好程度，是否根据顾客对公司的价值优先考虑某些顾客，以及公司在多大程度上实现了先前定义的价值曲线。

以顾客为中心的组织图

公司的组织方式经常使顾客很难跟它们做生意。例如，一户人家希望从英国电信公司购买一条固定电话线路、一条综合业务数字网线路和一部移动电话，就必须给三个不同的部门打电话。一个以顾客为中心的公司不断努力使其组织逻辑接近顾客的逻辑，从而使顾客毫不费力地与公司互动。

1. 围绕顾客进行组织

尽管上述过程通常需要跨部门协调来满足顾客需求，但大多数公司仍然在职能部门的孤岛上运作。通过识别出哪种内部跨职能协作对顾客满意度最重要，公司营销可以推动职能和部门的整合。例如，供应链和销售人员必须密切协调，以按期交付货物。营销部门和研发部门必须合作以生产更多的"热门"新产品。运营和营销必须在内部合作，以改善全球市场的投放过程。

在确定了职能间的作用方式后，公司营销可以建立论坛，让营销和其他职能部门进行互动。它应该推动建立：(1)营销人员与其他内部和外部伙伴之间的交往规则；(2)鼓励与这些伙伴合作的绩效期望。理想情况下，公司应该围绕市场细分组织起来，并将其作为单独的利润中心，就像美国第一资本金融公司（Capital One）那样。这种安排提高了感知和响应顾客机会的能力。

2. 详述、评估和奖赏以顾客为导向的行为

企业营销必须阐明以顾客为中心的财务评估指标。虽然大多数公司都试图奖赏以顾客为导向的行为，但成功的公司在奖赏计划的详细程度、参与程度和对这种奖赏的重视程度上都有所不同。

为了产出顾客期望的质量，公司必须将价值曲线的属性转化为一线的精确行为指标，然后通过奖励来强化这些行为。例如，信用卡公司美信银行（MBNA）设定的目标是：30分钟内批准增加信用额度，21秒内接听电话，24小时内更换丢失或被盗的卡片，以及14天内处理新账户申请。员工每天超过这些目标，公司都会向员工奖金池提供资金。难怪美信银行每天都能达到或超过98%的目标。[15]

希贝尔将50%的管理层激励薪酬和25%的销售人员薪酬与顾客满意度挂钩。与大多数公司立即支付奖金不同，希贝尔在销售合同签订一年后支付奖金，因为那时它可以准确地衡量顾客对结果的满意程度。[16]

赌场运营商哈拉斯娱乐公司（Harrah's）有一个奖金计划，如果该赌场的顾客满意度得分提高，就会给赌场工人额外的现金奖励。在2002年，一家赌场的员工们虽然实现了破纪录的财务业绩，却没有得到奖金，原因是他们的顾客满意度得分很一般。[17] 这给整个组织传达了一个多么明确的信号啊！

3. 授权员工解决顾客问题

公司营销必须授权员工解决顾客问题和投诉。这种自由度提高了解决投诉的速度，往往也提高了效率。营销人员还应该开发一个反馈回路，将顾客问题传达给整个组织，就像微软为 Windows 所做的那样。

以顾客为中心的文化地图

建立一个以顾客为中心的文化需要时间。然而，将以顾客为中心的公司与其他公司区别开来的最重要因素也许是渗透到组织中的文化。一个以顾客为导向的文化从组织的高层开始。

1. 创建一个顾客驱动的使命

公司是否已经从"组织为顾客做什么"的角度阐述了其使命？例如，沃尔玛的"降低世界的生活成本"比"成为我们行业中最好的"要好。顾客驱动的公司通过市场调查、与重要顾客相处的时间，以及基于顾客需求和期望的内部冲突解决，将其战略对话与顾客的声音结合起来。在一些公司，年度战略会议从重要顾客的陈述开始。

2. 让高管参与到顾客中来

没有什么比 CEO 定期拜访顾客更有力量了。公司营销可以通过以下方式培养一种顾客驱动的文化：为高级管理人员创造机会来处理与顾客有关的问题，要求高管们将时间用于营销和吸引顾客。在美信银行，高管每个月都会拿出 4 个小时来回答或倾听顾客的电话。[18] 公司营销也可以请总经理在营销监督或奖励委员会任职，就像伊莱克斯集团的品牌奖那样，不仅为了提高质量，也是为了表彰员工对顾客的卓越或创新努力。

3. 巧妙使用符号强化顾客至上的理念

符号在培养关于顾客至上的共同信念方面可以发挥很大作用。在美信银行，工资信封提醒员工，顾客是他们工资的来源；在诺德斯特龙（Nordstrom）百货公司，员工把离商店入口最近的停车位留给顾客的汽车。

4. 制定顾客迷恋至上的规范

虽然公司需要正式规则和程序来使通常情况下的表现标准化，但标准化通常不会带来出色的顾客服务或质量。为什么呢？因为杰出的顾客服务取决于公司如何处理那些不可能预料到的，对某个人来说独一无二的、难以解决的特殊情况。[19]公司需要一套共同遵守的顾客至上的规范，即强调组织如何为顾客存在，并不遗余力地帮助顾客的规范。这种强有力的规范可以提高优先级和期望的清晰度。CEO和CMO必须每天表达、实践和强化这些规范。斯堪的纳维亚航空公司（Scandinavian Airlines, SAS）的前CEO简·卡尔森（Jan Carlson）指出："关键时刻是我们的顾客与一线员工接触的时候。任何一个令顾客不愉快的时刻会使我们的资产贬值。在SAS，我们每年有1亿个关键时刻。"[20]

以顾客为中心的能力图

公司营销必须通过以下四种类型的行动来承担起提高组织营销能力的责任：不断地了解顾客、进行标杆营销、培育营销人才、投资于以顾客为中心的系统。

1. 不断地了解顾客

营销部门应该不断地提高了解顾客需求的能力，并对照他们的现实情况检验自身的管理经验。很多时候，他们研究变成了外部市场研究公司通过令人头疼的幻灯片进行的无意义的介绍。公司营销可以开发流程和工具来收集、理解、使用及分享消费者的见解。位于加州的

IDEO 设计公司设计了苹果鼠标和 Palm 掌上电脑。其设计师在消费现场亲自访问专家和消费者，然后通过挂在公司墙上的照片分享他们的见解。

2. 进行标杆营销

标杆管理可以提高营销过程的质量。跨部门、跨国家的内部标杆管理有助于确定营销的最佳实践，并记录实际经验，以提高组织的营销效率。一些公司建立和管理营销委员会，以将各种营销组织联系在一起。为了推动公司内从未执行过的创新理念，企业营销可以：（1）确定组织外的最佳实践来源；（2）开发并分享外部和内部的最佳实践流程图；（3）建立一个网络，鼓励公司内不同的营销单位为绩效和资源开展竞争。

3. 培育营销人才

公司营销引领整个组织营销人才的培养。这需要一系列的举措，包括建立适当的招聘、奖赏、识别和留用系统。框定营销专家的职业道路，让营销人员在整个组织内轮换，可以有效地在各部门之间建立非正式的社区，促进思想的传递。

宝洁制订了优秀的培训计划，造就了一批营销专家。[21] 宝洁的营销培训计划孵化了许多 CEO，如通用电气的杰弗里·伊梅尔特、微软的史蒂夫·鲍尔默、丽诗·加邦的保罗·查伦、美国在线服务（American On Line，AOL）的斯蒂芬·凯斯、eBay 的玛格丽特·惠特曼和财捷集团（Intuit）的斯科特·库克。每年，约有 1000 名营销新人参加为期一周的训练营，还有 20 多门营销选修课提供给更有经验的员工。宝洁已指定 20 名员工担任院长，265 名员工担任教师。它在世界各地的 3400 名营销人员都接受同样的培训。

很多时候，公司对培养员工的顾客能力只停留在口头上。作为一项规则，CEO 应该每年参加一些营销培训，树立学习的榜样。在哈拉斯娱乐公司，所有员工都必须参加基于激励哈拉斯娱乐公司最佳顾客忠诚度因素的学习课程。[22]

4. 投资于以顾客为中心的系统

在过去的几十年里，公司在技术方面进行了大量的投资。然而，其中的许多投资并没有使公司更关注顾客。CMO 和公司营销可以从技术投资对顾客获取、满意度和保留的影响大小上来讨论。技术是否创建了可用于获取知识的共享数据库？信息系统是否允许员工在整个组织内自由分享顾客数据？集成的顾客数据库是否创建了复杂的顾客视图？IT 流程是否使员工能够在关键的营销活动中使用数据库，如企业品牌营销和顾客关系管理？

以顾客为中心的资源图

为了获得组织资源，营销人员必须证明切实的财务成果。利润营销包括五个步骤：理解营销指标的作用、界定营销指标、进行营销试验、正视营销组合的分配、为营销分配足够的资源。

1. 理解营销指标的作用

当把营销与股东价值和财务业绩联系起来时，人们很容易忘记平衡过去的财务业绩指标（财务指标）和潜在的财务健康指标（营销指标）。企业租车公司（Enterprise Rent-A-Car）的董事长兼 CEO 安迪·泰勒（Andy Taylor）说："我经历了 20 世纪 90 年代初那段健康的狂热期。我们当时是一家价值十亿美元的公司，发展迅速，盈利状况很好……但我们的顾客服务开始下滑。企业服务质量指数（ESQI）对我们来说是一个突破。多年来，我们不断完善它，直到现在我们只问顾客两个问题——您对我们的服务满意吗？您会再来吗？"[23]

完全满意的顾客再度光临企业租车公司的可能性是原来的 3 倍。

企业租车公司 5000 个分店中的每一个都会定期收到企业服务质量指数的反馈，如果分店的 ESQI 得分低于平均水平，那么无论该店的财务表现多么好，该店的任何人都得不到晋升。与企业租车公司强劲的现金流或增加的市场份额相比，不断上升的 ESQI 分数更能让泰勒放心。他解释说："ESQI 并不意味着我们可以忽略其他（因素），但它会使我们保持在正轨上"。[24]

2. 界定营销指标

公司营销可以在五个业务层面影响到相关营销指标的定义，并确保每个部门和地区使用共同的方法来跟踪、收集和报告适当的指标，以便高管们可以比较整个公司的数据（见表 8-2）。管理者可以通过多种方式对可比较的数据进行分解，以诊断公司的整体业绩，并阐明营销支出的生产力，或阐明其缺乏生产力。在欧洲的眼镜连锁店大视野（Grand Vision）公司的会议上，与会者介绍完财务数字和员工统计数据后，会专门留出一天时间来讨论营销指标。

表 8-2　营销指标

产品	品牌	渠道	细分顾客群	市场
・相对产品质量	・品牌知名度	・渠道渗透	・顾客满意度	・市场渗透
・产品质量感知	・品牌价值	・渠道信任	・平均交易额规模	・市场份额
・新产品占销售的比例	・品牌忠诚度	・渠道效率	・顾客投诉	・销售增长
・产品盈利能力	・品牌盈利能力	・每个渠道的市场份额	・顾客获得成本	・市场盈利性
		・渠道盈利能力	・顾客保留率	
		・货架空间	・顾客盈利能力	

3. 进行营销试验以证实投资回报率

公司营销必须证实营销支出、顾客满意度/保留率数据和财务结果（如收入和利润）之间的联系。通过长期跟踪这些数据，企业可以将品牌建设等营销投资与促销活动等营销支出区别开来。

营销试验有助于公司确定哪些类型的营销支出会产生效果。例如，为了评估销售培训的效果，摩托罗拉加拿大公司选择了84名销售效率相近的员工，并对他们中的一半进行了培训。[25] 在培训后的前3个月里，受培训的一组员工的销售额增加了17%，而控制组的新订单量下降了13%。摩托罗拉公司估计，在培训上每花1美元可在3年内产生30美元的收益。

像安海斯-布希（Anheuser-Busch，AB）这样的公司不断进行试验，以研究营销和广告的有效做法。一旦AB公司找到一个有效的方案，便会锲而不舍地实施这一方案，以使自己从众多竞争对手中脱颖而出。法国连锁百货公司拉斐德（Galeries Lafayette）将这两个阶段称为试验（确定最盈利的行动）和工业化（优先考虑和应用最佳配方）。通过对其150万名持卡人的试验，该公司已经发现了行之有效的营销手段，通过交叉销售和一对一的营销来增加营业额，并通过优化邮件群发和新渠道［如电子邮件和短信服务（SMS）］来降低成本。

4. 正视营销组合的分配

卡夫公司（Kraft）已经开发了一种方法，即按照每个营销组合要素的投资回报率对品牌进行排序。例如，它比较了各品牌的广告投资回报率，然后将广告费从低投资回报率的品牌重新分配给高投资回报率的品牌。卡夫在这样做的同时，还对营销组合中的每个剩余要素重复这一操作，从而不断优化其营销支出。[26]

任何想要重新分配主要营销资源的人，都应该制订并提出增加投资、减少投资和重新分配的备选方案（见图8-4）。公司营销应该倡导这样一种分析方法，迫使组织面对这样的问题：如果我们把获得顾客的一部分预算转到顾客保留上，会发生什么？例如，一个富有创造力的旅游公司的CMO曾经把当年一半的营销预算用于满足顾客的度假需求，结果发现对下一年的预订量有很大的积极影响。

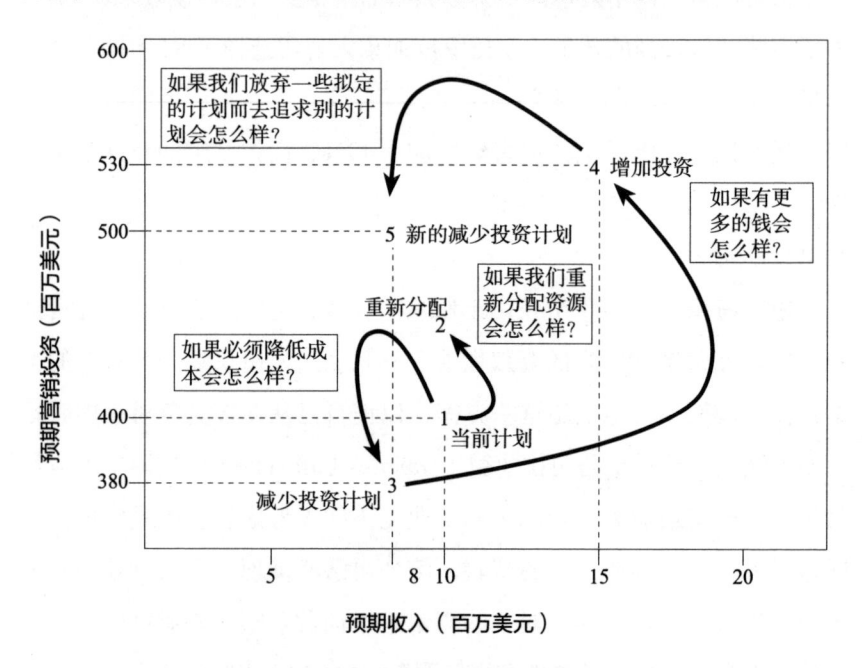

图8-4 营销分配的替代方案

资料来源：Adapted form Paul Sharpe and Tom Keelin, "How SmithKline Beecham Makes Better Resource-Allocation Decisions," *Harvard Business Review*（March–April 1998）: 92–105.

一家快消品公司意识到，它每年在大众媒体上做的广告，平均下来在每个美国家庭上花费了12美元，结果只是一种分散的效应。它的研究显示，1.2亿户美国家庭中，约1200万户贡献了公司利润的80%，其中600万户占了50%。为什么每年不在每户平摊的广告开支上减少

1美元，并用节省的1.2亿美元建立一个600万重度家庭用户的数据库？然后便可以针对这些重度用户使用更加个性化的直接营销技术。

5. 为营销分配足够的资源

在任何组织中，不同的职能和部门往往会游说高层以获得尽可能多的人力、财力和系统资源。精明的CEO或CMO可以提出以下重要的问题，以使用顾客的术语重新定义辩论：你是否为获得和保留顾客投入了足够的资源？你会以最优化的方式来使用这些资源吗？顾客将从这些支出中获得什么益处？

成为以顾客为中心的公司所面临的挑战

人们不应该将以顾客为中心的组织与强大的公司营销职能和臃肿的营销部门相混淆。一些学者和营销人员仍然通过询问高管们是否重视、尊重营销，是否将营销视为相对于其他部门更有益等方式来确定一个组织以顾客为中心的程度。

在公司层面上，一个强大的营销团队并不一定会带来一个更好的、更以顾客为中心的组织。在设计公司业务时，在关心和组织顾客，以及用顾客思维取代公司思维这两个方面必须超越任何特定的职能。若想促进这样的组织思维方式，企业营销部门需要从所有其他职能部门的权责中确定它需要什么，它将做出什么贡献，以及在哪些地方需要合作，如表8-3所示。一个公司永远不可能过度以顾客为导向，因为一旦它接近，顾客就会转移。目标细分市场会发生变化，顾客的需求也会发生变化，新的竞争对手、渠道和技术不断涌现，所有这些都需要一个新的顾客驱动战略。

表 8-3　营销及其职能界面

	CMO 所需要的	CMO 所提供的	需要 CMO 协作的
CEO	支持建立一个以顾客为中心的组织	在营销方面发挥领导力，以支持公司战略	界定可由营销部门主导的变革努力
CFO	为营销方案提供资金	系统地对营销进行投资，以提高和加速现金流并降低风险	衡量营销投资和营销支出的回报率
COO	提供一致的顾客体验（如不缺货、服务和产品质量）	通过品牌和库存单位合理化降低复杂性	确定产品平台和顾客体验目标
HR	奖励和培训系统，使所有员工以顾客为导向	有助于招聘新员工的强势品牌	规定一线员工的招聘标准
CIO	建立综合顾客情况并易于使用的信息系统	保持最新顾客数据的更新	在信息系统方面开发所需的功能
R&D	推出能够提供顾客价值和差异化功能的新产品；快速投入市场	对有价值的顾客和期望价值曲线的明确投入	推测哪些产品虽然没有顾客要求，但推出后会让他们感到高兴

资料来源：受到以下文献启发，"Stewarding the Brand for Profitable Growth," Corporate Executive Board, Washington, D.C., 2001。

成功实现市场变革

当然，我们可以期望公司营销部门能够支持那些有可能使多个业务部门受益或需要它们之间协调的营销举措，特别是当这些举措具有创新、长期、昂贵、高风险或变革的性质时。本书中列举的七种营销转型都具有这些属性。然而，鉴于这些举措的实质性和潜在的组织阻力，营销人员需要 CEO 的参与和支持。

变化通常会给组织带来创伤，好的变化也是如此。它迫使人们以不同的方式思考和行动。更重要的是，CEO营销宣言的七大变革可能在组织内引发个人和部门相对权力的重大转变。个人通常对变革持四种态度，这取决于变革对他们的影响效果（积极或消极）以及他们的印象（主动或被动）。[27]

考虑到人类的天性，改革对其产生负面影响的人，要么进行抵制或破坏改革（抵抗者），要么采取消极的等待或观望态度（传统主义者）。管理者必须给变革推动者授权，即那些变革对其产生潜在的积极影响且有精力去领导变革的人；与此同时，管理者还要给那些看到潜在的好处却犹豫不决的旁观者以力量。问题是，CEO应该是市场变革的主要推动者吗？

作为指挥官、董事长、教练和催化剂的CEO

本能地，CEO可能会承担起构成其营销宣言的七项变革的所有权。CEO作为改革的领导者，可以使变革计划具有可信性和高度优先性。然而，高层管理人员应该劝告CEO不要指挥每一项改革措施。对CEO的典型要求可能会使这一问题的解决变得费时费力（尤其是在上市公司），并且他们很可能缺乏这方面的专业知识。

保罗·斯特雷贝尔（Paul Strebel）教授绘制出了四种变革过程中的紧迫性和阻力（见表8-4）。耐人寻味的是，每种变革流程都要求CEO在该过程中承担特定的角色。需要注意的两点是：（1）由于不同公司对变革的紧迫性和阻力会有所不同，所以管理者不能断言某个单独的转型（如品牌合理化）应该遵循某个特定的变革流程。（2）重大的组织变革是非常混乱的。通常情况下，人们必须在行动计划的每个阶段应用不同的流程，它更像是一次进化，而非一场革命。

表 8-4　变革流程

	强抵制	
	工作组的变化 CEO 的角色：董事长 （深入征求意见） **流程：** • 要求变革者为工作组配备人员 • 确保工作组征求旁观者的意见 • 让抵制者面对变革的选择 • 让传统主义者担任实施变革角色	**自上而下的彻底转变** CEO 的角色：指挥官 （接受或不接受） **流程：** • 要求变革者逐级下达 • 向旁观者发出准确的信息 • 通过立即实施变革迫使抵制者退出 • 传统主义者的快速重组
弱抵制	**广泛的参与** CEO 的角色：教练 （合作者） **流程：** • 要求变革者促进参与 • 发起与旁观者的广泛合作 • 让越来越多的支持者挤走抵抗者 • 让传统主义者参与到联动团队的网络中	**自下而上的举措** CEO 的角色：催化剂 （超前行动） **流程：** • 激励变革者采取行动 • 鼓励旁观者进行模仿 • 向抵制者抛出业绩挑战 • 将传统主义者纳入创业团队
	变革的需求不紧急 方向不明	迫切需要变革 方向明确

资料来源：Paul Strebel, *The Change Pact: Building Commitment to Ongoing Change*（London: FT Prentice Hall, 1998）.

第 3 章介绍了 IBM 从销售产品到创新解决方案的转型。在转型之初，IBM 承受着持续亏损，并面临着剥离部分部门的压力。IBM 此时亟须变革。当即将上任的 CEO 郭士纳决定将 IBM 改造成一个解决方案的销售商时，他面临着来自内部的 IBM 产品和区域负责人的激烈抵制，这些人此前曾享有完全的独立性。而提供解决方案将迫使他们向那些在现实中负责协调和向客户交付解决方案的人低头，并以对客户最有利的方式进行合作。郭士纳不得不担任总指挥，采用经典的自上而下的彻底转变过程。

第 5 章中描述的快消品公司向全球分销伙伴关系的转型通常是采取渐进的方式。由于零售商仍在整合自己的国际业务以进行全球采购，变革的紧迫性就不那么明显了。考虑到全球客户管理将削弱区域经理的影响力，公司必须经常采用特别工作组的方法来克服阻力。在这一转型过程中，一些快消品公司正在与冥顽不化的管理者进行单独交涉，呼吁 CEO 协调各小组的工作，综合他们的不同观点，以使所有人都向前推进。

当阻力相对较弱或仅个别存在时，一线管理者可以推动变革或使用广泛参与的方法。高层管理者很难轻易知道组织中谁拥有宝贵的驱动市场创意。在第 7 章中，日本电器公司和索尼公司证明了公开竞争可以使这些想法和它们的支持者浮出水面，而 CEO 则在驱动市场过程中扮演教练和赞助商的角色。

最后，正如第 4 章指出的，互联网的出现使许多公司能够直接向顾客销售产品。在网络热潮中，公司急于进入这个分销渠道。电脑制造商内部对在线直销的阻力很小，但没有人真正知道如何使用这个渠道。因此，在一个自下而上的过程中，以 CEO 为催化剂，高管们让各部门负责人以最适合自身的方式进行在线销售。CEO 知道有几个部门想探索新的渠道，随即向它们提出了挑战。在一个部门取得了一定的成功后，CEO 鼓励其他有可能从该渠道获益的部门进行模仿。

无论公司采取哪种变革过程，无论 CEO 扮演哪种角色，变革型营销方案的确需要高层管理人员的支持才能成功。由于本书中制订的方案跨越了不同部门和不同国家的组织，它们无疑会遇到大公司中普遍存在的地盘争夺战。在这种形势下，CEO 通常是调解人的角色。

激发围绕顾客的精彩对话

除了在变革流程中的作用，CEO 还应该在董事会层面成为顾客的拥护者，围绕顾客的需求和行为展开精彩的对话。为了使营销不受日常策略问题的影响，CEO 应该问一些广泛的问题：公司如何为顾客创造价值？他们的品牌在顾客现在及将来的生活中扮演什么角色？广告在未来十年将扮演什么角色？CEO应该挑战公司的最高管理层，为这种关于顾客的对话创造时间和空间——甚至可以制定规则。比如，IBM的前CEO郭士纳曾反对使用投影仪和PPT演示。[28]

通过将大众熟知的对顾客的假设与营销试验结果进行对比，CEO必须在严谨和理性方面成为楷模。正如苏格拉底所言，我们只有通过严格的质疑来驳斥错误的论点，才能接近智慧。通用汽车的艾尔弗雷德·斯隆（Alfred Sloan）曾向董事会建议："与其仓促做出决策，不如给自己一点时间来提出不同意见，或许还能对这个决策的意义有一些理解。"CEO必须把对消费者、渠道成员、员工，以及他们各自的行动和愿望的假设的质疑制度化。如果没有这样的对话，公司就不可能对整体的使命、战略和价值观形成共同的理解。

领导力就是在没人监视的时候做正确的事情。我们已经目睹了太多的CEO和企业领导者追随色拉叙马库斯（Thrasymachus）的道路。色拉叙马库斯是一位雄辩的希腊智者，他认为，智者可以随心所欲地做自己喜欢做的事情。相反，他们应该更好地遵循柏拉图的观点，即作为集体行为的宝库，领导者必须自律，并领导人们争取更广泛的利益。消费者信任符合公司和社会的长远利益。一个真正以顾客为中心的公司的使命应该是改善顾客的生活，它的价值应该包含顾客的福祉。只有这样，消费者资本主义才能立定根脚。

作为变革推动者的营销

也许当前是营销崛起的最佳时机。今天，随着价值创造战略从过去十年的金融工程转向过时的顾客价值创造，营销处于激发组织活力的绝佳位置。

营销所面临的挑战有很多，但每一个挑战都为抓住组织的领导权带来了新的机遇。鉴于价格压力日益增大，营销人员必须带头将公司从销售产品转向提供解决方案。随着分销渠道的整合，营销人员必须启动向全球客户管理结构的过渡。即便行业商品化，营销人员也必须采取品牌合理化计划，以聚焦并区分公司的核心品牌。随着渠道的激增，营销人员必须迅速利用新的分销渠道来创造增长。营销人员必须抵制那些不能带来增量创新的无用的消费与市场调查，而要持续推动市场观念的创新，以带来前所未有的消费者体验。

营销必须证明，它愿意并准备好在公司转型中发挥领导作用。它必须让别人相信它独特的能力、资源和技能，以及它领导导向的思维模式，并相信它作为一门成熟的学科，已经变得更具战略性、跨职能性和利润导向性。

新营销系列丛书

新消费浪潮冲击着每一个行业，市场、与消费者接触的媒介悄然巨变，新锐品牌层出不穷，企业也需要重构认知，用创新性的数字营销思维、理论和手段重塑品牌与品类。

消费者行为学研究全球顶级大师迈克尔·R. 所罗门的深刻洞见，带你打破藩篱，揭示如何与新世代消费者互动和共鸣，如何在市场竞争中脱颖而出，建立下一代领先品牌。

ISBN：978-7-5043-9024-0
定价：79.00 元

美国最成功的风险投资与品牌全案营销先驱"红鹿角"联合创始人、品牌官艾米丽·海沃德的职业回忆录。

全世界新锐品牌从业者的圣经！

ISBN：978-7-5043-8951-0
定价：69.00 元

解密企业实现量化营销动态转型的5步法；

充分利用数字时代的大量可用数据，实施数据驱动营销转型的量化策略，助力企业在数据分析时代中竞争和取胜！

ISBN：978-7-5043-8819-3
定价：79.00 元

营销人必读之书！

这是一套动态的、以行动为导向的营销工具、技术和原则大全，让读者始终处于营销活动的领先地位。

ISBN：978-7-5043-9140-7
定价：89.00 元

无论你是想推广业务、传播信息还是推广品牌，世界顶尖"增长黑客"都能帮你轻松搞定！

只需30天，坐享社交平台100万关注量实战指南！

ISBN：978-7-5043-9210-7
定价：79.00 元

扫码购书